나의 길,
사회운동과 기독교 신앙

내 생애 속 인천 ❹
나의 길, 사회운동과 기독교 신앙

2025년 12월 10일 처음 펴냄

지은이	김영철 이승용
펴낸이	김영호
펴낸곳	도서출판 동연
등 록	제1-1383호(1992. 6. 12.)
주 소	서울시 마포구 월드컵로 163-3
전화/팩스	02-335-2630 / 02-335-2640
이메일	yh4321@gmail.com
인스타그램	instagram.com/dongyeon_press

Copyright ⓒ 김영철 이승용, 2025

이 책은 저작권법에 따라 보호받는 저작물이므로 무단 전재와 복제를 금합니다.
잘못된 책은 바꾸어드립니다.

ISBN 978-89-6447-066-4 04040
ISBN 978-89-6447-448-8 04040(내 생애 속 인천 시리즈)

내 생애 속 인천 4

나의 길, 사회운동과 기독교 신앙

김영철 이승용 지음
양진채 감수

김영철 이승용 편

동연

책을 펴내며

　철쭉이 만발할 때 시작했던 자서전 쓰기가 감이 붉게 익는 겨울 초입에 장장 네 권의 책으로 출판되었습니다.
　처음 프로그램을 시작하면서 이 자서전 쓰기는 내 이야기이며 우리의 이야기이자 이 사회가 어떻게 변해왔고, 역사가 되었는가에 대한 성찰이기도 하다고 했습니다. 제가 이 프로그램에 함께한 이유이기도 하고, 선배님들이 그 어려운 자서전을 끝내 만만치 않은 분량으로 완성해 낸 이유이기도 합니다.
　이번 자서전 쓰기에 참여한 선배님들은 노동 현장, 교육 현장에서, 종교계, 혹은 복지 현장이나 사회조직에서 누구보다 치열하게 살고 싸워왔던 분들입니다. 이분들의 이야기야말로 인천 사회운동 역사의 기록이며, 이 사회가 어떻게 한 걸음 더 발전해 왔는지 살아 있는 증언이기도 합니다. 그래서 이 자서전은 특별합니다.
　누구나 이렇게 살 수 있었던 삶이 아닙니다. 사회를 변혁시키기 위해 자신이 선 자리에서 싸워야 했고, 구속을 감수해야 했고, 악랄한 폭력과 고문을 견뎌야 했던, '나'가 아니라 '우리'를 위해 살아온 삶의 기록입니다. 그래서 저는 원고를 정리하는 동안 때때로 가슴 벅찼고, 뭉클해졌고, 숙연해졌습니다.

김영철 선생님은 목사님이라는 호칭이 더 익숙합니다. 선생님은 독실한 기독교 집안이었는데 민중교회에 발을 들였습니다. 어둡던 시절, 민중교회는 운동조직이 기댈 수 있는 거의 유일한 통로였습니다. 김영철 선생님은 민중교회운동으로 활동을 하다가 북미에서 10년을 공부와 활동을 한 뒤에 귀국해서는 목회 일과 마을교육 관련한 활동을 오랫동안 해 오고 있습니다. 지금도 가장 활발하게 활동하는 몇 안 되는 분이기도 합니다.

이승용 선생님의 자서전 문장은 수도자의 고백서 같습니다. 그의 글을 읽는 동안 삶의 갈피갈피 어려웠던 시절을 같이 건너는 느낌이었습니다. 따뜻한 목도리를 둘러 그의 추위를 막아주고 싶을 정도였습니다. 그럼에도 선생님은 인천노동선교문화원, 인천평화의료생협, 경실련하이텔정보교육원, 인천주거복지센터 등에서 일하며 삶을 열어가고 있습니다. 그는 지금 인천한겨레두레협동조합에서 장례 일을 하고 있는데, 그의 삶이 늘 누군가의 삶을 어루만져주지 않았을까 하는 생각이 들었습니다.

선배님들의 글을 보며 '우리는 어떤 사회를 만들고자 했는가' 다시 물었습니다. 이 물음은 지금도 유효하다고 생각합니다. 우리 사회의 공통 가치를 실현해 나가며 더 나은 사회를 만드는 데 이 책이 좋은 지침이 되길 바랍니다.

1970, 80년대를 누구보다 앞장서 싸워왔던 선배님 중 많은 분이 미처 삶을 기록하지 못한 채 몸과 마음이 불편해졌습니다. 그분들의

삶을 진즉에 기록하지 못한 것은 정말 안타까운 일입니다. 그런 의미에서 이 책의 모태가 된 부평도서관의 기획 프로그램은 '한 운동가의 기록을 사회의 역사'로 만든 소중한 자산이라 생각합니다. 무엇보다 더 늦기 전에 삶을 기록하려고 투쟁하듯 글을 쓰신 선생님들께 깊은 경의를 표합니다.

감수자 소설가 양진채

차 례

책을 펴내며   5

1부 | 기독교-사회-교육의 길 _ 김영철

I. 들어가면서: 두 가지 접근으로 보는 내 삶의 길   13
II. 사진과 함께 보는 내 삶의 이야기   16
     어린 시절 고향 송라에서   16
     제2의 고향이 된 부평에서   24
     사회운동에 참여하게 된 대학 시절   28
     장로회신학대학원에서 목회자의 길로 가다   32
     6.29와 결혼   36
     고백교회 목회   38
     미국 웨스턴신학대학원 석사 공부 시절   40
     토론토 Knox College에서 박사과정   45
     토론토대학 미시시가(Mississauga) 캠퍼스와 2746 Cathian Court   50
     벧엘교회 청년부와 임마누엘토론토한인연합교회 목회   54
     박사학위 논문과 한국으로 귀국   57
     장모님 이야기   58
     우리 가족 이야기 — 아내를 먼저 보내면서   61
III. 기독교사회운동과 교육 운동의 현장에서   68
     1977년~1987년 기독학생, 청년 운동에의 참여   69
     1988년~1999년 민중교회 운동에의 참여   77
     2008년~2018년 생명평화 기독교 운동과 작은교회 운동   91
     2018년~현재 마을 운동과 마을교육공동체 운동   108
     마을교육공동체 운동에 대한 추가적 설명   127
IV. 나가는 말   135

김영철 연표   137

2부 ǀ 지금 여기까지 살아오면서 _ 이승용

I. 어린 시절   141
II. 가족   144
   나의 아버지   144
   나의 어머니   146
   누나와 형   152
   형   156
   평택 외갓집   158
III. 중고등학교와 동창들   163
IV. 대학 시절   175
   김용교 님   177
   백영민   180
   군대   182
   다시 대학으로   185
V. 인천에서   187
   인천 산곡동   187
VI. 노동자의 삶   189
   용찬이   189
   기원이   190
   석중이   190
   명선이   193
   땀방울   194
VII. 가정, 교회, 직장   196
   나의 아내, 말자   196
   고백교회   198

결혼	199
인천노동선교문화원	202
인천평화의료생활협동조합	204
경실련하이텔정보교육원	207
베트남으로	214
다시 서울로, 경실련하이텔정보교육원으로	215
교육원을 그만두다	216
나의 아이들, 해빈이와 해원이	218
VIII. 후기	224
이승용 연표	228

1부

기독교-사회-교육의 길

김영철

I. 들어가면서
: 두 가지 접근으로 보는 내 삶의 길

자신의 삶을 돌아보면서 정리한다는 것은 어떤 차원에서든 의미가 있을 것이다. 2020년에 부평역 근처에 있는 중부사회복지관에서 자서전 쓰기 모임이 있었다. 그 모임에 참여하게 된 것은 사실은 내 자서전을 쓸려는 의도보다는 2019년에 3개월 사이로 돌아가신 어머니와 아버지, 부모님의 자서전을 쓸려고 했기 때문이다. 부모님 장례를 다 치르고 난 다음에 우리 5남매가 모여 부모님을 기억하는 책을 만들자고 함께 뜻을 모으고 출판 비용까지 마련했을 때 쓰는 일은 내가 책임지겠다고 자원했었다. 4남 1녀의 차남인 내가 꼭 써야 할 이유는 없었지만 돌아가시기 전 10년을 부모님과 함께 살았고, 우리 남매들에게는 부모님의 신앙의 유산이 중요한데 내가 목사가 되었기 때문에 그렇게 되었다고 굳이 말할 수 있다.

누구에게나 부모님은 특별한 분일 것이다. 우리 부모님도 예외가 아니신데 두 분은 1953년 결혼 후 66년을 해로했다. 당시 한국전쟁에서 오른쪽 다리를 잃은 상이군인이던 아버지와 남편보다 학벌도 높고 12남매의 장녀였던 어머니의 결혼은 내 고향인 포항에서 작은 화제가 되었다고 한다(당시에는 전쟁 이후 부상 당한 상이군인의 문제가 심각한 사회 문제가 되었던 때이다). 아버지는 자신과 결혼해 준 어머니에게 평생 고마움을 가지고 사셨고 우리 5남매에게도 가끔 말씀하셨다. 자연스럽게 아버지는 기독교인이었던 어머니를 따라 교회를 다니셨고 술 담배도 끊고 14년 후인 1967년에는 고향 교회인 송라제일교회에서 처음으로 장로가 되었다. 당시에는 장로가 그리 많지 않았는데 이후 아버지는 교회 장로로서 52년을 봉사했다. 어머니는 자녀를 키우고 남편을 도와 평생 장사를 하면서도 교회와 마을에서 사회적 활동에도 열심이었다. 1969년에 우리 집은 부평으로 이사 왔는데 어머니는 나중에 부평6동 새마을금고 이사장과 새마을지도자로도 활동했고 사회봉사 활동에도 항상 앞장섰다. 부모님의 신앙을 이어받아 우리 5남매도 어릴 때부터 교회를 다녔고 신앙생활은 우리 가족에게 매우 중요한 것이기에 지금도 집안 행사 때마다 예배로 시작하고 있다.

내 삶을 돌아다보면 부모님의 신앙의 유산 특히 어머니가 준 사회적 참여의 DNA가 가장 큰 요소임을 깨닫게 된다. 평생을 기독교인으로 살아왔고 1989년 목사가 된 후에는 30여 년간 다양한 목회 활동을 했다. 목회 활동에서 가장 중요한 요소는 사회 참여적 신앙이란 것인데 이것은 따지고 보면 1976년 대학 입학이 계기가 되었다. 당시 유신독재 치하에서 정치학도였던 나는 냉전적 사고방식을 바꿔준 시대의 스승들의 가르침에 따라 민주화운동에 관여하게 되었다. 이후 기독교의 사회적 참여를 평생의 과제로 생각하게 되었다. 그러기에 목회 활동도 주로 노동자들을 위한 산업선교와 시민사회운동과 함께하는 사회선교에 치중했다. 30대에 인천에서 노동자를 위한 민중교회를 개척하고 10년을 목회했다. 1999년 나이 40이 넘어 늦게 캐나다에서 박사학위를 하면서 세계화에 대한 기독교의 대응이라는 주제로 공부하고 토론토에서 이민 목회도 했다. 50대에 다시 귀국하여 이후 10년간은 생명평화 운동과 작은교회 운동에 관여했다. 50대 후반부터는 토론토대학 동문인 경기도교육감과의 인연으로 경기도교육청에서 일하면서 교육

운동에도 참여하여 마을교육공동체와 평화교육 운동에도 참여하게 되었다. 코로나 팬데믹 이후인 2020년부터는 인천(부평)으로 돌아와서도 마을교육공동체 운동 만들기에 참여하고 있으며 현재는 인천교육청의 마을교육공동체 담당관으로 일하고 있다.

이러다 보니 내 글은 시대마다 내가 관여했던 다양한 기독교사회운동에 대한 참여와 이를 통한 자기 발전과 다양한 만남이 중요한 주제가 될 것 같다. 한 개인의 사회적 참여의 이야기가 한 시대의 사회사를 읽을 수 있는 작은 편린이 된다면 그것 또한 의미가 있을 것이다.

그래서 이번의 내가 살아온 길은 크게 두 부로 나누어 기술하고자 한다. 제1부는 내가 살아온 이야기를 부모님과 연관하여 사진으로 살펴보는 부분이다. 부모님과 나는 같이 산 기간이 62년이 겹친다. 그래서 대부분의 내 삶의 중요한 시기에는 언제나 부모님이 함께했다. 이 부분은 대략 생물학적 차원의 삶의 이야기라고 말할 수 있는데 태어나서 쭉 어떻게 살아왔는가를 중심으로 전개하고자 한다. 제2부는 기독교사회운동 또는 시민사회운동의 차원에서 내 삶의 이야기이다. 돌아가신 민중신학자 김용복 박사가 "민중의 사회전기"라는 표현을 사용했는데 내 개인의 사회 전기라고 할 수 있을 것이다.

II. 사진과 함께 보는 내 삶의 이야기

어린 시절 고향 송라에서

갓난아기 때(오른쪽)의 가족사진

이 사진은 부모님과 형과 누나와 같이 찍은 나의 가장 어릴 때의 사진인 것 같다. 1살 때쯤 되어 보이니 1958년 말이나 1959년 초일 것이다. 부모님은 젊은 부부로 선남선녀같이 보인다. 사진관의 배경도 좋아서 형은 멋진 해군 모자를 쓰고 있고, 누나는 한복에 예쁜 구두를 신고 바구니를 들고 있다. 넉넉한 중산층 가정의 행복한 시절로 보이는데 아마도 그때 우리 모든 나라가 다 가난에 허덕이고 유산도 별로 없이 결혼한 우리 부모님도 살림살이가 넉넉하지도 않았을 터인데 저렇게 유복해 보이는 것이 이상할 정도이다. 어린이는 다 귀엽지만 어린 나의 모습도 내가 봐도 귀엽기만 하다. 젖 냄새가 물씬 날 것 같은 포즈인데 그래도 망토까지 둘렀다. 저 옷들이 우리가 입었던 옷은 아닐 것 같고 흔히 사진관에서 빌려준 것이 아닌가 생각이 든다. 물론 내가 저 사진을 찍은 기억은 전혀 나지 않지만 어머니 무릎에 앉아 있는 것이 너무나 편안해 보인다. 우리 아버지는 저 때 30대 초반, 어머니는 20대 중반이니 정말 '젊은 그대'들이다.

초등학교 3학년 때 가족사진

이 사진은 당연히 내 고향이자 부모님이 결혼 후 처음으로 사신 경상북도 영일군 송라면 광천3리에서 찍었을 것이다. 고향마을 송라(松羅)는 지금은 포항시 북구로 편입되었는데 경상북도 남동해안의 길을 따라 포항(포항제철이 있는)과 영덕(대게가 유명한) 중간에 있는 시골면 소재지 마을이다. 어촌은 아니지만 바다에서 5리(2km) 밖에 떨어져 있지 않아 우리 동네에서도 멀리 바다가 보인다. 작은 동네여서 대부분 동네 사람을 다 알며 사는 곳인데 인구수는 정확히는 모르겠지만 내가 살던 당시에는 몇백 명 남짓일 것이다.

우리 오 남매가 부모님과 함께 찍은 가족사진이다. 앞의 사진과는 달리 결혼 15주년 기념이고 1966년 10월2일이라고 날짜도 적혀 있다. 그런데 날짜에 약간의 오류가 있는 것은 우리 부모님의 결혼은 1953년으로 알고 있는데 그렇다면 15주년이면 1968년이 되어야 한다. 막내 성희가 4살 때 사진이라는 건데 좀 헷갈리기도 하다. 형이 영남중학교 모자를 쓰고 있는 것을 보니 그 연대가 맞는 것 같기도 하고. 우리 식구들이 1969년에 11월에 고향을 떠나 부평으로 왔으니 그것으로 보아도 비슷한 것 같다.

누나가 키가 큰 것이 눈에 띈다. 오빠인 영환 형보다 훨씬 커 보인다. 이때는 아버님이 마흔이 넘으셨고 어머니는 삼십 대이다. 이 사진을 볼 때마다 내 표정이 별로 마음에 들지는 않았다. 옛날에 사진관에서는 항상 사진사들이 조명불을 터뜨리면서 사진을 찍었는데 그것을 보느라고 인상을 쓴 것인지, 무슨 기분 안 좋은 일이 있었던 건지 내 표정이 제일 안 좋고 정면을 응시하지도 않는다. 부모님 뒤편에 중간에 선 누나가 이 사진의 주인공처럼 보인다.

1960년대 어린 시절을 생각하면 송라의 우리 집과 보경사 폭포 그리고 해수욕장들이 떠오른다. 어린 시절 살던 집은 마을 중간에 있는 가게가 딸린 집이었다. 과자와 빵, 각종 잡화류, 기름까지 팔았다. 우리 마을에 전기가 들어온 것이 정확히 기억은 안 나지만 내가 국민학교(초등학교) 들어간 뒤인 1960년대 중반쯤이다. 전기가 없는 시절에는 밤이 되면 집마다 남폿불을 컸는데, 우리 가게에서 연료가 되는 등유를 팔았다. 하루에 몇 대가 운행하는 버스 편(포항에서 동해안 북부 강원도까지 가는)을 이용할 수 있는 버스표도 우리 가게에서 팔았다. 6.25 전쟁에 참전하여 부상을 당하고 한 쪽 다리를 잃은 아버지는 국가 유공자이지만 당시에는 국가에서 주는 연금도 몇 푼 되지 않았으니 그리고 딱히 다른 일도 하기 어려우니 장사를 하셨는데 더 바쁜 사람은 어머니였다. 4남 1녀 아이들을 키우랴, 가게 일을 하랴, 거기에다 교회 일까지 열심히 하셨으니 말이다. 가게와 집이 바빠서인지 당시에 다들 어려운 시대여서 그랬는지 그렇게 부자라고 할 수 없는 우리 집에도 당시 흔히들 식모라고 했던 이모뻘 연이 누나와 가게 일을 돕는 삼촌뻘 되는 형이 있었다.

우리 집에서 가장 생각나는 것은 크지 않은 마당에 있던 우물이다. 두레박으로 물을 켜서 식수로 사용하던 우물이었는데 깊지는 않지만 그래도 우물을 내려다보면 무서웠다. 하지만 우물가에서 여름에는 등목(찬물을 상체에 부어 시원하게 하는)도 하고 맛있는 수박도 먹었던 기억도 난다. 아이들의 놀이터는 동네 길과 멱을 감던 동네 개천이었다. 가장 생각나는 사건은 2학년 때인 여름에 여선생님이 우리 반 아이들을 데리고 근처 개울에 멱감으러 갔던 일이다. 전날 비가 와 개울에 물이 불어 있었는데 수영도 못하던 나는 얕은 줄 알고 물에 들어갔다가 불어난 물에 빠지고 말았다. 나는 정신을 잃었는데 그 여선생님이 아이들 앞이지만 옷도 벗지 못하고 들어와 나를 건졌는데 당시로는 귀한 손목시계도 고장 나고 옷도 다 젖어 버렸다고 한다. 아직도 손광자 선생님의 이름을 기억하고 있는데 내 첫 번째 생명의 은인이 된 셈이다.

내연산 보경사의 12폭포

우리 동네에서 십 리(4km) 떨어진 곳에는 내연산이란 큰 산이 있고 보경사란 절과 12폭포가 유명한 곳이다. 포항 사람들도 보경사 폭포를 가려면 우리 마을을 지나가야 했는데 인근을 비롯 멀리 대구에서도 찾는 관광 명승지이다. 내연산 보경사에는 학교 소풍이나 교회 야유회 그리고 멀리서 친척들이 오면 으레 갔던 곳이다. 친척들 방문 때마다 십 리(4km) 떨어진 곳을 걸어서 자주 다녔다. 차도 없고 대중교통도 미비하여 1시간 이상 걸리는 아이들에게는 먼 길이지만 그래도 신이 나서 간 적이 많다. 우리 동네가 바다도 가까운 곳이어서 동해 남부의 해수욕장도 많았다. 이웃 마을인 화진포해수욕장(5리 떨어진 곳), 큰

집이 있던 장사해수욕장, 막내 고모가 사셨던 월포해수욕장, 큰 고모님이 사시는 칠포해수욕장 등을 여름철에 두루 다니기도 했다. 우리 집 식탁에는 5일마다 열리는 장날에 파는 해산물이 항상 올라왔다. 그래서일까 나도 그렇지만 우리 집은 육고기보다는 해산물을 즐긴다. 부모님이 살아 계실 때 명절에 집에서 모이면 언제나 오징어회 한 상자를 포항에 주문해서 먹곤 했다. 누구나 어릴 때 즐겨 먹은 음식을 좋아한다고 하지 않는가?

내가 다닌 송라국민학교는 우리 집에서 걸어서 불과 5분밖에 걸리지 않았지만, 멀리 떨어진 곳에서 5리나 10리를 걸어 등교하는 아이들도 많았다. 학교가 하교 후에는 당연히 우리의 놀이터가 되기도 했다. 학교 운동장에서 땅따먹기, 자치기, 연날리기, 깡통차기를 하며 놀았다. 요사이 아이들이 집에서 컴퓨터를 보며 노는 시절과는 참 다른 시절이었다. 온 동네 길목이 또한 우리의 놀이터이기도 했다. 어릴 때 그렇게 크게 보였는데 어른이 되어 가보니 동네 끝에서 끝까지 걸어 5분밖에 걸리지 않았다. 요사이 부모들의 교육 열풍과는 조금 다르긴 하지만 당시에 부모님은 내가 초등학교 4학년 때 형과 누나와 함께 대구로 공부하러 보내셨다. 지금은 1시간이 채 안 걸리지만 당시에는 3시간 가까이 걸리는 꽤 먼 곳으로 유학을 보내신 것이다. 우리 부모님 세대가 일제 치하와 6.25 전쟁을 겪은 세대여서 공부하지 못한 한이 많은 세대이다. 그러다 보니 그 보답을 우리 자녀들이 톡톡히 받은 것이다. 굳이 집 가까운 학교를 놔두고 경상도에서는 가장 교육의 중심지라고 하는 대구까지 유학을 보내준 것이다. 대구에 세 남매가 자취하면서 한 달에 한 번 어머니가 반찬을 가지고 대구에 오셨다.

그날은 우리 남매의 잔칫날인데 그런데 이틀 뒤 떠나시면 울적했던 생각이 난다. 대구에서 다니던 학교가 남산국민학교인데 당시에 학생이 오천 명이나 되었다.

우리 할아버지 제사 때마다 10리 떨어진 지경리의 큰집에 갔는데 당시에 살아 계시던 친할머니와 큰아버지 식구들이 계셨다. 명절이나 할아버지 기일에는 제사를 지내곤 했는데 당시에 교회에서는 고사를 지낸 음식이나 제사음식은 우상숭배 음식이어서 먹으면 안 된다고 했지만 먹을 것 없던 시절에 그런 것을 아랑곳하지 않고 제사음식을 맛있게 먹었다. 물론 우리 집만 교회를 다녀 4형제의 막내였던 아버지는 제사에서 절도 하지 않았지만 그래도 큰 질책하는 분위기는 아니었다.

기계면 기북리에 있던 외갓집도 버스로 1시간 이상 가야 하는 곳이었지만 여름 방학이 되면 우리 오 남매는 외갓집으로 갔다. 우리 외가는 12남매(5남 7녀)의 대가족이었는데, 12남매의 맏이인 어머니와 외할머니는 아이들을 낳아 같이 키웠다. 막내 외삼촌은 형과 나이가 같고, 막내 이모는 나보다 한 학년 위였다. 우리가 가면 언제나 시끌벅적한 외갓집은 식사 때가 되면 그야말로 북새통이었다. 아무튼 외할머니의 사랑과 그 많던 이모들과 외삼촌들과의 온갖 추억이 담긴 곳이었다.

우리 집이 고향을 떠나온 것이 1969년 11월이다. 송라교회는 우리 어린 시절의 추억이 많이 담긴 곳이다. 아버님은 송라교회에서 1967년 10월 24일 장로 안수를 받으셨다. 위의 사진은 아버님 송별회 후 찍은 사진인데 내가 국민학교 6학년이었다. 내 옆에 아이를 안고 있는 교회 전도사님 사모님과 교회 누나들이 보인다. 부모님 왼쪽은 포항제일교회 황병혁 목사님이고 그 옆에 계신 젊은 분이 목회를 하셨던 김만조

송라교회 송별회 사진(초등학교 6학년 때)

전도사님이다. 함께 찍은 송라교회 교인들은 지금은 성함은 기억나지 않지만 항상 보시던 동네 어른들이기도 하다. 사진 뒤편 맨 왼쪽에 서 있는 분이 나의 주일학교 반사였던 김갑철 선생님이다. 지금은 송라교회를 떠났지만 우리 가족이 떠난 이후로 교회의 중심적인 활동을 하면서 장로로 봉사했고, 연세대 신과대학 김정형 교수의 부친이기도 하다. 2020년 1월(아버님 돌아가신 이듬해)에 영환 형 부부와 송라교회를 방문했을 때 만나기도 했다.

송라제일교회는 교회의 추억이 많은 곳이다. 나나 우리 남매들은 날 때부터 교회를 다녔다. 당시 교회는 남녀 석이 분리되어 있어 왼쪽에는 남자가 오른쪽에는 여자들이 앉았다. 아버지는 불편한 다리로 매일 새벽마다 교회 종을 치러 가셨는데 종소리가 온 동네에 울려 퍼지곤 했다. 여름 방학 때가 되면 여름성경학교가 열렸는데 대구에 있는 큰 교회 청년들이 와서 환등기도 보여 주고 새로운 노래도 가르쳐 주었다. 일년내내 기다리던 성탄절에는 노래 발표, 연극 공연도 했으니 당시 교회는 동네의 문화센터 역할은 했다. 아버지가 1967년에 송라제일교회의 최초의 장로로 임직을 받으신 장로장립식에서 여러 선물이 들어온 중 책이 있었는데 당시엔 책이 흔하지 않아 신기했던 기억도 난다.

제2의 고향이 된 부평에서

우리 집이 고향을 떠난 것이 내가 초등학교 6학년 때인 1969년 11월이다. 삼 남매를 이미 대구에 유학을 보냈는데 두 남동생까지 보내야 할 때가 되자 아예 부모님은 이사를 생각하셨던 것이다. 말하자면 순전히 자식들 교육을 위해 고향을 떠나기로 했는데 대구로 가느니 아예 서울로 가자고 결정하셨던 것 같다. 그런데 마침 둘째 큰아버지가 오래전에 오셔서 자리를 잡고 사업도 크게 하셨던 인천 부평으로 오게 되었다. 그래서 부평(인천)은 내게 두 번째 고향이 되었다.

다음쪽 위 사진은 중학교 졸업 사진이고, 아래 사진은 고등학교 졸업식 사진이다. 부평으로 이사와서 부평동초등학교를 졸업했는데 사실 두 달만 다녀서 부평 친구들과 제대로 만난 것은 부평동중이다. 사실 부평동중은 신설 학교이고 당시에 송전탑과 벽돌공장만 있는 외딴곳에 세워져 가는 길이 황톳길이어서 비가 오면 진흙탕이 되었고 부평'똥'중이라는 놀림도 받았는데, 마침 체육복도 황색이었다. 체육시간이나 기술 시간에는 수업도 못 하고 운동장 평탄 작업을 했다.

부평동중 졸업식(어머니와), 서울고등학교 졸업식(부모님과 누나와 함께)

1학년 때는 경상도 사투리를 쓴다고 선생님이나 애들에게 놀림도 받았는데 1년이 지나자 그런 얘기는 쏙 들어갔다. 부평동중에 1회로 입학하여 졸업했다. 졸업식에는 다른 사람들도 온 것 같은데 어머니와 사진을 찍었다. 내가 꽃다발과 상장 그리고 상품 같은 것을 받았는데 공로상을 받게 되었다. 당시에 우리 중학교 동창 우수생들이 대부분 제물포고로 진학했는데 나 혼자 서울고등학교에 합격해서 그랬던 것 같다. 물론 당시에 영환 형(양정고)이나 영신 누나(숙명여고)도 서울로 통학했던 것도 영향이 있었던 것 같다.

그때에는 고교 입시가 있었는데 서울은 내가 마지막이고 인천은 1년 후배들까지 시험을 쳤다. 그래서 덕분에 서울고로 진학하게 된 것이다. 그런데 고등학교에 가보니 학교 부지가 4만 평이나 되는 대학 캠퍼스와 같았다. 신설 중학교를 다니다 궁궐 같은 학교로 오게 된 것이다. 그런데 알고 보니 실제로 우리 학교는 궁궐터였다. 일제 강점기에 경성중학교였던 우리 학교는 조선시대 4대 궁궐 중의 하나였던 경희궁(慶熙宮)을 총독부에 근무하는 일본 자녀들을 위해서 고등학교로 만든 것이다. 이러한 일제의 만행은 주로 조선의 관청들을 다른 용도로 바꾸어 사용하면서 국가적 정체성을 없애려고 했던 대표적인 사례 중의 하나일 것이다. 지역적 사례로 예를 들자면 부평 계산동에 있던 부평도호부 자리도 부평 초등학교를 개교하면서 대폭 축소했다.

내가 통학하던 때는 아직 전철이 생기지 않아 디젤기관차로 통학했다. 당시 경인선 서울 통학생들은 서울역에 내려 각자의 학교로 이동해야 했다. 나는 서울역에서 우리 학교까지 약 20분 이상 걸어 다녔다. 전철은 내가 고교 2학년 때인 1974년 8월15일(박정희 대통령의 영부인인

육영수 여사가 암살당한 날이기도 하다) 개통되었다. 전철이 생긴 뒤에는 시청역에서 내려 덕수궁 돌담길을 따라 걷는 길이 내 통학길이었다. 이렇게 여건은 좋지만 학교에서 생활한 기억은 많지 않다. 워낙 통학 시간이 많이 들어서 집에 가기 바빴기 때문이다. 고2 때인가 교련 시범학교가 되어 행진 연습을 할 때 학교 중간에 있는 조그마한 산에 올라가 『주홍글씨』라는 소설을 읽던 생각은 난다. 입시 위주의 학교에서 자기 관심이나 취미를 발전시킬 수는 없었지만 국어와 역사 그리고 사회과목에 관심이 많고 수학이나 과학에는 전혀 관심이 없다는 사실은 분명히 나타났다.

부평으로 처음에 이사와서, 어머니가 부평시장에서 잠시 포목상을 했다. 그러다 성모병원과 경찰종합학교가 있던 부평6동에 살게 되었는데 그곳에서 옛날 포항에서 장사하던 경험을 살려 슈퍼마켓을 운영했다. 거의 20년 이상을 동네 중심에 자리 잡은 가게였다. 슈퍼 운영 덕분에 우리 오 남매가 학교도 다니고 생활도 안정되게 되었다.

한편 교회는 부평시장에 있는 부평동부교회에 다녔는데 중학교와 고등학교 시절에 추억이 실린 교회이다. 거의 토요일, 일요일은 항상 교회에서 보낸 것 같다. 가장 기억이 나는 것은 성탄절 행사였다. 크리스마스이브에 선물 교환을 하며 밤을 새다가 크리스마스 날 새벽에는 새벽송을 돌았다. 지금은 없어진 행사이지만 교인들 조를 짜서 몇 구역으로 나누고 집집마다 방문하여 성탄 찬송을 불렀다. 때론 잠을 자느라 안 나오는 가정도 있지만 대부분은 선물을 준비하여 우리가 준비한 큰 행낭에 넣어주었다. 가장 인기 있는 구역은 당시에 미군 부대에 근무하던 장로님 집에 가게 되면 당시에는 드물게 커피를 타 주었다.

추운 새벽에 추위에 떨면서 다니다 따뜻한 커피를 마시니 커피 맛이 꿀맛이었다. 새벽송이 끝난 뒤 교회로 돌아오면 선물꾸러미 풀어 나누어 먹으며 톱밥 난로 앞에서 이야기하고 졸다가 성탄절 아침 예배를 마치면 집으로 돌아갔다. 이 크리스마스 축제는 당시에 TV도 컴퓨터도 없는 시대에 유일한 축제였기에 1년 내내 기다리는 축제였다.

사회운동에 참여하게 된 대학 시절

위의 사진은 1983년 2월 대학교 졸업 사진이다. 어머니와 누님 그리고 부산 이모님이 참석해 주셨다. 나는 1976년 성균관대학교 정치외교학과에 입학했다. 당시에 성대는 2차 대학이었는데 1년 동안은 거의 학교를 다니는 둥 마는 둥 했다. 1차 대학(서울대)에 떨어져 무척이나 좌절하고 자존심이 상했기 때문이다. 그래서인지 학교에 다니면서도 애정과 자부심이 전혀 없었다. 하지만 지금에 와서 보면 어리석고 배부른 생각이라고 말할 수밖에 없다. 내가 대학에 다니던 당시만 해도 대학 진학률이 15% 이내였던 것 같다. 대학에 간다는 것만으로도 어찌 보면 사회적으로 많은 혜택을 받은 것인데 그런 인식이나 생각이 전혀 없었던 것이다. 탄핵정국에서 서울대 법대 내란과라는 얘기도 나왔지만 학벌이 얼마나 허울 좋고 실속 없는 외관인 것인가? 그런 것보다는 인생의 가장 중요한 시기에 교양을 넓히고 무엇을 할 것인가에 몰두해야 할 시기였는데 말이다.

아무튼 그때 나의 평생 취미인 바둑이 많이 늘게 되었다. 바둑은 중학교 때 우연히 동네 형에게서 배우게 되었는데 초보자 수준이었다

성균관대학교 졸업식(어머니, 이모, 누나와 함께)

가 대학 1학년 때에 마침 학생회관에 바둑을 둘 수 있는 곳이 생겨 한국기원 원생 출신인 고교 동창을 붙잡고 수업에도 들어가지 않고 바둑을 배웠기 때문이다. 이후에도 바둑을 좋아하는 사람을 만나면 수담을 나누고 금방 친해졌다. 지금도 인터넷으로 가끔 바둑을 두는데 5~6단 정도 되니 꽤 두는 수준이라 하겠다.

이렇게 지내다가 2학년이 되자 뭐라도 해야지 생각이 들면서 고등고시에 응시해야 하겠다고 마음을 먹었다. 당시에 법정대학에서 법학과는 사법고시, 행정학과는 행정고시, 정외과는 외무고시를 치는 것이 정석처럼 되어 있어서 외무고시 응시에 방향을 잡고 있을 때였다. 그런데 마침 그즈음에 인천제일교회 청년회장인 김성수 선배가 우리 교회로 찾아와서 대구에서 열리는 우리 교단(예장통합) 청년회 전국연합회 수련회에 가보자는 제안을 했다. 당시엔 아버지와 몇 분 장로님이 같이 개척한 대광교회에서 청년회 활동을 하고 있을 때였다. 그래 멀리 놀러 갔다 와서 마음잡고 고시 공부하자는 심산으로 대구제일교회에서 열리는 장청 전국대회에 참가했다. 그런데 우연히 간 이 모임이 내 인생의 방향을 정해주는 모임이 되리라고 그때는 상상도 못 했다. 이에 관한 자세한 기술은 III장 "인천 EYC와 함께한 기독청년 운동"에서 다룰 것이다.

아무튼 그 여파라고도 할 수 있는데 그 이후 기독교사회운동과 민중운동에 관여하게 되면서 대학 3학년 때인 1978년 성대 유인물 사건에 연루되어 동대문서에 연행되어 2달간 조사를 받고 풀려나긴 했지만 학교에서는 무기정학을 당하여 군에 입대했다.

강원도 양구에서 군인 시절(왼쪽은 같은 부대에 근무하게 된 후배 박경원, 오른쪽은 친구 오세영 그리고 오른쪽 끝은 막내동생 김성희)

위 사진은 1981년경일 텐데 내가 군대 생활을 하던 강원도 양구로 친구와 동생이 면회 온 사진이다. 하사 계급장을 단 내 오른편에는 대광교회 김혜신 전도사님 아들이자 내 절친인 오세영(경희대 공대 졸업하고 KT에 오래 근무했다) 그리고 당시 고등학생이었던 막냇동생 성희(고대 노동대학원 교수) 그리고 왼편에는 같은 부대에 근무하던 교회 후배이자 동네 후배인 박경원 일병(자영업)이 보인다.

1979년 1월 대구 50사단에서 훈련받고 강원도 양구의 21사단에 배치되었다. 당시에 양구에 가는 육로가 없어 춘천 소양강에서 배를 타고 건너갔다. 방산면에 있는 65연대로 배치되어 철책선 초소(흔히 GOP라고 하는데 General Out Post의 약자로 일반전초[一般前哨]를 말한다) 근무에 투입되었다. 6개월간 GOP에 근무하면 낮에는 자고 밤에는 철책선에 근무하는 단순한 생활이 반복된다.

학적 변동자로 군대에 왔으니 모든 것이 조심스러웠는데 군대 생활 중에 1979년 10월 박정희 사망, 1980년 5월 광주민주화운동 등 굵직한 역사적 사건들이 많았다. 박정희 사망 때는 전쟁 직전의 비상이 걸렸고, 광주민주항쟁 때는 무슨 영문이지 몰랐지만 북쪽에서 전두환을 비방하는 칼라판 삐라가 많이 날라와 사태를 어렴풋이 짐작을 할 수 있었다. 그런데 강원도 지역 동부전선 최전방은 흔히 말하는 한국 사회에서 가장 빽 없는 사람들이 오는 곳이었다. 전체 중대원 130명 중 대학 다니다 온 사람이 나를 포함해 딱 두 사람밖에 없었다. 그래서인지 질시도 많이 받았는데 졸병이 건방지다는 이유로 나 때문에 밤에 집합하는 일도 많았다. 낮에는 나무 때는 난로에 쓸 화목을 만들고, 부대가 주로 산 정상에 위치해 있어 계곡에서 식수를 퍼오는 일을 하고 밤에는 밤새도록 철책선을 지키는 단순한 생활이 반복되었다. 그래서인지 남는 시간에 하는 일은 편지 쓰는 일이었다. 최전방에 근무하는 군인들의 유일한 낙이 편지를 쓰고 받는 일이다. 내 경우에도 내가 평생 쓸 편지를 이곳에서 다 쓴 것 같다. 사실 그 이후로 편지를 쓴 기억이 별로 없으니 말이다.

장로회신학대학원에서 목회자의 길로 가다

대학을 졸업하고 1년 보험회사에 다닌 뒤에 1984년 3월에 장로회신학대학 신학대학원(장신대 신대원)에 입학했다. 목회자 양성 코스이다 보니 동기생이 130명이 되었다. 학부에서 같은 과 학생이 20명이었는데 대학원 와서 100명이 넘게 공부하니 이상하기도 했다. 장신대 신대원은 일찍이 미국의 전문대학원 체계(신학, 법학, 의학 세 분야는 학부에서 일반 전공을 하고 대학원에서 3년 과정으로 공부)를 받아들여 3년제 대학원이었다. 동기생들의 전공도 다양했고 전국에 있는 대학이 다 있었다. 여학생도 10% 정도 있었는데 그중에 홍익대 미대를 나온 동기생 심은주도 있었다. 우리 동기생들끼리는 수업 전에 잔디밭에 앉아 왜 신대원에 들어왔는가 하는 주제로 서로 묻기도 하고 대화를 많이 했다. 그중에서도 미대를 나온 심은주와도 대화를 많이 나누었다. 5년 뒤에 결혼하게 된 아내 심은주와는 이런 이야기가 우리 관계의 시작이었다.

아래 사진은 1988년 장신대 신학대학원 졸업 사진이다. 부모님과 같이 찍었는데 1987년 결혼한 아내도 보인다. 사실 아내는 나보다 1년 먼저 졸업했다. 장로님인 아버지께서 졸업가운과 석사모를 쓰고

장로회신학대학원 졸업식
(부모님과 미래의 아내와 함께)

계신데 그만한 자격이 충분히 있다는 생각이 들었다. 그동안 아버지가 교회를 위해 일하고 봉사한 것만 생각해도 그렇다. 그리고 부모님에게 별로 효도한 것은 없지만 그래도 우리 집에서 목회자가 한 명 나와야 되지 않겠냐는 바램을 채워준 것으로 작은 효도를 한 것 같다. 사실 바로 밑의 동생 영호가 연세대 신학과를 졸업했기에 목회자가 될 가능성이 많았는데 의외로 영호는 출판사를 경영하고 있고 정외과를 졸업한 내가 목사가 되었다.

주변에서도 내게 왜 목사가 되었느냐고 묻는 사람이 많다. 내가 대학에 가면서 생각했던 정치가나 신문기자가 내게 더 어울린다고 생각하는 사람들이 많기 때문이다. 사실 나도 그렇게 생각이 들기도 한다. 일반적으로 생각하기를 성직자가 되려는 사람은 인생의 엄청난 사건이나 굴곡을 겪거나, 아니면 특별한 신앙적 회심이 있거나, 아니면 대단히 종교적인 성향을 가진 경우 목회자가 된다고 생각한다. 물론 신대원 선후배 중에 그런 분들도 많이 만났다. 하지만 내 케이스는 좀 다른 것 같다. 나의 경우에는 오랫동안의 과정과 관계에서 일어난 일이라고 생각한다. 사실 내 인생에 있어 교회와의 관계는 떼래야 뗄 수 없는 것이 사실이다. 날 때부터 교회를 다니기 시작하여, 중고등학교 시절에도 착실하게 다녔고, 대학 시절 운동에 눈이 뜨고 교회나 보수적 신앙에 비판적인 시기에도 교회를 떠나지는 않았다. 고대 노동대학원 교수인 막내인 김성희는 학생 시절에는 전국에 성경퀴즈대회에 나가 수상할 정도로 열심이었지만 고대 경제학과에 들어가 운동을 하더니 깨끗이 교회를 떠났다. 인천EYC 활동을 같이했던 여러 선후배들도 교회를 떠났거나 가톨릭으로 개종했다. 그렇게 교회를 지키다 보니 우리가 흔히 말하는 미운 정 고운 정이 생겼다고나 할까. 한마디로 지속적인 애정과 참여의 결과라고 말할 수 있겠다. 하나 더 추가한다면 기독교사회운동에 대한 관심과 열정이다.

신대원에서는 진보적인 신학 연구동아리 현대신학연구회에서 선후배들을 만나면서 활발히 활동했다. 「신학춘추」라는 학교신문의 기자로 활동하고 편집국장까지 역임하며 언론인 지망생 한도 풀었다. 다른 교단의 신학교인 한국신학대학 신대원와 감리교신학대학 신대원 그리고 이화여대 기독교학과 대학원 학생들과 같이했던 신대원 연합 모임도 주도적으로 만들고 적극적으로 참여했다.

신대원 시절에도 또다시 무기정학 당하는 사건이 일어난다. 당시 학교 신문사를 통하여 장신대의 신학적 보수성과 교수들의 연구 성과 미흡, 학내 학사 문제와 재정문제 등을 다루었던 특집기사가 화근이 되었다. 당시 프랑스에 유학갔다 와 조직신학을 가르쳤던 주간 교수의 신학적 입장이 대단히 보수적이었는데 갈등이 격화되었다. 급기야 학보사 기자들의 수련회에서 술과 담배를 했다는 이유를 문제 삼아 편집국장인 나와 학부 기자 4명을 무기정학 시킨 것이다. 장신대는 학부나 대학원 입학 시 술과 담배를 하지 않는다는 서약서를 쓰게 되어 있다. 사실 전근대적인 규정이기도 하고 진보적인 신앙을 가진 학생이나 기독교인들에게 언제나 문제가 되었던 것이 바로 이 주초 문제이다. 사실 술과 담배는 기호나 건강과 관련된 것이지 신앙적인 문제와는 직접적인 관련이 있는 것은 아니다. 한국교회의 초기 선교사들이 농한기에 술 담배에 찌들어 일하지 않는 농민들을 보면서 권장사항으로 술 담배 금지를 한 것이 한국교회의 전통이 되었다. 그러다 보니 나도 그런 서약서는 형식에 불과한 것이라고 생각하고 대수롭지 않게 생각했다. 그런데 어쨌든 악법도 법이니 꼼짝없이 학교를 쉬게 되었다. 그래서 신대원 연합모임을 통해서 알게 된 학생들의 도움을 받아 한국신학대에서 민중신학자 안병무 교수의 강의나 고재식 교수의 해방신학에 대한 강의 그리고 이화여대에서 박순경 교수의 통일신학 과목을 청강생으로 듣게 되었다. 당시에 KBS의 땡전 뉴스(9시 뉴스에 **전두환 대통령으로 시작하는 뉴스를 가르키는 말**)와 결부하여 공영방송에 대한 문제 제기가 컸다. 이에 한국기독교교회협의회(National Council of Churches in Korea, NCCK)와 시민사회단체가 'KBS 시청료거부운동

범국민운동본부'를 만들었는데 그 단체의 간사로 NCCK 사무실에서 일했다. 그때 경험했던 것은 시청료거부운동에 동참하는 시민들도 많이 불안해했다. 국가에서 하는 일에 반대한다는 것이 부담이 되는 것이다. 그래서 신문에 작은 기사라도 나기 위해 부지런히 기자회견도 하고 성명서도 내고 기고도 했다.

6.29와 결혼

결혼식 사진(왼편에 부모님, 오른편은 장인, 장모님)

1987년 11월 28일 모교인 성균관에서 신대원 동기인 심은주와 결혼식을 올렸다. 주례는 무학교회 담임목사이시던 홍성현 목사님이 하셨고, 부모님과 장인 장모님이 함께 서 계신 사진이다. 이제 네 분이 다 돌아가셨지만 그때만 해도 아버님은 60이 조금 넘으셨고 어머니는 50대이셨다. 처가는 불교 신자들이셨는데 그러다 보니 교회도 절도 아닌 유교 예식장에서 했던 것은 아니고 당시에 소속된 교회가 없는 차에 결혼식을 촉박하게 잡아 장소가 마땅치 않아서 모교인 성균관에서 식장을 골랐다.

신학교 동기생 심은주와의 결혼에는 숨은 이야기가 있다. 이는 1987년의 민주화 대투쟁과 연관된다. 이 시기에는 많은 집회가 있었는데 인천EYC도 주최 단체 중의 하나로 참여했다. 그런데 인노련, 인민노련, 산선, 카톨릭노동청년회(JOC) 등의 노동단체와 인천사회운동연합(인사연), 인천EYC 등의 시민사회단체의 8명의 단체 대표자들이 사정 당국에 의해 수배되었다. 친구 집에 피해 있다가 책 가지러 집에 들렀다가 연행되었다. 인사연의 안영근은 동부경찰서에서, 나와 JOC 회장인 강석태는 부평경찰서에서 구속되었다. 지금은 법원이 된 학익동 교도소에 시국사범 수용동인 8사에 갇혔는데 내 옆방에는 인하대 총학생회장 그리고 나머지 방들은 대부분 현장에서 노동운동을 하다 들어 온 분들이었다. 아침마다 시국사범 수용소인 7사와 8사 그리고 여사 일부에서는 집회 소식들을 알리는 소식들이 전해졌다. 그러다 마침내 직선 제개헌을 약속하는 역사적인 6.29 선언이 노태우에 의해 이루어졌고 그날 다른 시국사범들과 함께 교도소에서 풀려났다.

출소하던 날 부모님을 비롯한 우리 식구들과 EYC 선후배들 속에 전혀 예상치 않은 인물이 보였다. 바로 신대원 동기생 심은주였다. 참으로 의외였다. 내가 무기정학 당하고 학교를 못 다니는 동안 먼저 졸업하여 이탈리아로 기독교미술 공부하러 간다는 소식을 얼핏 듣고 있었다. 아무튼 그날은 다른 사람들도 많아 따로 얘기하지도 못하고 나중에 만났다. 그동안 지낸 얘기와 어떻게 찾아왔는가 이야기를 물어

보았다. 학교에서 소식을 듣고 인천구속자가족협의회에 연락해서 학익동 교도소 장소와 시간을 알려 주어서 왔다고 했다. 이 말을 듣고 신대원 시절이 생각났다. 대부분 결혼 적령기에 신대원 진학하기에 미혼인 남녀 동기생이나 선후배의 결혼이 꽤 많은 편이다. 동기로서 같이 공부도 하고, 「신학춘추」에서 기자로 같이 활동도 하며 친해졌고 서로 호감도 가지고 있었다. 지금도 내가 소장하고 있는 아내가 그린 초상화는 그때 내 사진을 보고 그린 것이다. 아내 심은주는 불교도 집안에서 자라나다 서울에 유학을 오면서 네비게이토(Navigato)라는 대학생 선교단체에서 전도를 받았다. 네비게이토는 신앙적으로 상당히 보수적인 단체여서 아내도 보수적인 신앙을 가지고 있었다. 그래서 아내와의 결혼은 어렵다고 생각하고 있었다. 그런데 그 말을 들으니 그런 신앙적 차이란 별것이 아니라는 생각이 들었다. 그리고 그 뒤 몇 번 더 만나다가 내가 청혼을 했다. 1987년 11월 28일에 결혼했으니 6.29선언 후 5개월 뒤였다. 그 후에 우리 중매쟁이는 선언을 한 노태우 전 대통령이라는 농담도 하게 되었다.

고백교회 목회

1989년 10월 인천노회가 열린 인천제일교회에서 목사 안수를 받았다. 사진에는 부모님은 물론이고 돌아가신 외할머니와 이모님들 그리고 고모님들이 보인다. 부평의 내 모교회인 대광교회 교인들도 여러분 보인다. 산이가 태어난 지 6개월 정도 되었을까, 아이 중에는 오른쪽에 조카인 형준이도 보이는데 지금은 결혼해서 여수에서 직장

목사안수식(1989년 10월 인천제일교회)에 온 가족, 친지들

생활을 하고 있다. 그런데 이 사진이 재미있는 것은 주인공인 나나 우리 식구들은 뒷전에 서 있고 주인공같이 앞에 있는 다섯 분은 왼쪽부터 영환 형, 마산 이모님, 형수님, 부산 이모님, 영신 누나이다. 그래서 마치 영환형 목사안수식같이 보인다. 한데 어떠랴. 얼마 전에 윤여정 배우가 한국 배우 최초로 아카데미 여우조연상을 받았다. 나도 조연같이 보이는데 윤여정 같은 좋은 상을 받으면 되지 않겠나?

그해 12월에는 인천고백교회 목사 취임 예배를 드렸다. 마침 미국에서 방문하신 큰아버님과 우리 식구들이 부모님과 함께 총출동했다. 이제 다 결혼하여 엄마 아빠가 된 영환 형네 조카 인이와 은이, 영신 누나네 조카 혜림이와 채린이의 얼굴이 보인다. 고백교회 이야기는 III장 "민중교회 운동 편"에서 상세하게 전할 예정이다.

미국 웨스턴신학대학원 석사 공부 시절

고백교회 이전 및 목사 취임예배(내 오른쪽에 미국에서 오신 큰아버지와 가족들과 함께)

한국이 IMF 위기로 힘들어하던 시기에 1999년 8월에 미국으로 출국하게 되었다. 40이 넘은 나이에 공부하러 가게 된 것이다. 행선지는 나도 처음 가보는 미국 Michigan주의 Holland라는 조그마한 도시에 위치한 Western Theological Seminary였다. 외국으로 공부하러 간다는 생각은 신대원 입학 때 남산에 있는 독일 문화원인 Goethe Institute를 다닐 때 했었는데 그 이후 전혀 다른 방향으로 내 진로가 설정되었다. 하지만 15년 후에 또 이런 일이 생긴 것이다. 이일은 신대원 동기인 이홍정 목사가 영국 유학 후에 총회의 기획국장으로 오면서 시작되었다. "자네도 외국으로 나가서 문물도 좀 넓히게" "난들 안 나가고 싶겠어. 아시다시피 인천의 공단에서 노동자들과 목회하고 있는데 가능하겠어" "그러면 내가 실무자인데 WCC에서 해외 연수보내는 프로그램이 있는데 지원해 보게". 이런 대화를 통해 교단을 거쳐 NCC 그리고 WCC로 지원서가 제출되고 1년의 연수가 확정된 것이다. 미국의 학교는 미국NCC에서 교섭해 준 것이다. 미국으로의 출국을 앞두고 정리해야 할 일도 많았다. 혼자 갈 수도 있었지만 가족이 함께 가기로 해서 준비가 더 복잡해졌다. 고백교회는 4년 전부터 우리 교회에 전도사로 부임하여 목사 안수를 받은 강수은 목사가 1년을 임시로 담임하면 될 것이기에 별문제가 없었다. 하지만 살던 범양아파트도 전세를 내놓고 가야 하고 집의 가구들도 어찌 될지는 모르지만 부모님 댁이나 형제들에게 나누어 주었다. 돌아보니 87년에 결혼하고 신혼집인 한양아파트에서부터 시작해서 교회 근처 빌라, 아파트 등 일곱 군데를 이사하고 정착한 곳이 범양아파트였다. 오붓한 단지에 평수도 넓어 우리 식구가 살기에는 너무나도 좋은 곳이었다. 아무튼 한국 생활을 정리하고 미국 학기가 시작되기 전에 8월에 출국했다. 그때까지는 인천공항이 만들어지기 전이어서 김포공항으로 출국했다.

우리 식구가 미국에 가서 정착한 곳은 Holland라는 인구 10만의 미시간 호숫가에 있는 작은 도시였다. 이름 그대로 네덜란드 이주민이 세운 도시다. 웨스턴신학교는 미국개혁교회(Reformed Church of America, RCA) 소속 신학교인데 네덜란드 계통의 학자들도 많았다. 학생 수가 전체 100여 명이 안 될 정도로 작은 신학교여서 공동체적인 분위기였다. 기숙사도 학교 바로 앞에 있는 1층 단독주택인데 본래는 장애인 학생을 위한 곳이었다. 산이 학교는 시내 중심가에 있는 Lincoln Elementary School인데 산이 입학 수속을 하려고 학교에 들어가니 현관 바닥 청소를 하고 있는 중년 남자를 만났다. 학교 청소하는 사람인 줄 알고 학생 등록하러 왔다는 용무를 말하자 자기 방에 가잔다. 그 사람이 교장선생님이었다. 본인의 설명대로 다른 선생님들이 가르치니 자기가 그 시간에 청소도 하고 잡무도 처리한다고 했다. 권위적인 한국의 교장과는 참 비교가 되었다. 아내는 신학대학원의 같은 재단인 Hope College에 미술 수업 청강을 신청했다.

내가 등록한 신학석사 코스는 제3세계 학생들을 위한 과정이었는데 대만의 기독교교육 전공한 여교수, 우간다에서 온 신학생, 헝가리에서 온 남학생, 미얀마의 소수 민족인 카렌족 출신의 여학생, 인도네시아 출신 여학생 그리고 일본의 기독교 계통 고등학교 교사 등이 같이 수학했다. 처음 외국에 와서 영어로 수업을 하니 쉽지 않았지만 그래도 같은 입장인 외국인들과 공부하니 한결 나았다. 이 학교에는 세계적인 칼빈 신학자이자 전임 총장인 John Hesselink 박사가 있었다. 헤셀링크 교수는 세계적인 칼빈 신학자로서 스위스 바젤신학교에서 칼 바르트(Karl Barth) 밑에서 공부하고 일본에 선교사로 5년간 활동한 분이다. 그래서인지 외국 학생 특히 한국 학생에게 관심이 많았는데 둘째 며느리가 한국 사람이었다. 내 개인 우편함에 미국 신문에 난 한국 소식을 복사해서 전해 주기도 했다. 우리 학교에 보수적인 예장 합동 측 목사 출신인 한국 학생 두 명이 있었는데 다들 헤셀링크 교수와 칼빈을 공부하기 위해 이 학교에 왔다고 했다. 은퇴했지만 한 과목 정도 강의도 했는데 칼빈에 대한 강의를 통해 종교개혁가 칼빈에 대한 이해를 높이기도 했다. 헤셀링크 교수는 홀랜드에서 제일 유명한 아침에 Pancake를 파는 식당에 우리 부부를 초대해 주셨다.

한국에서 민중교회 사모 역할을 하며 고생했던 아내가 특히 미국

미국 미시간주 웨스턴신학대학원 석사과정 학생들과

생활을 즐겼다. 물론 나도 공동체적인 학교 분위기나 작은 도시의 아늑함을 즐겼지만, 예술가인 아내가 훨씬 더 자기 취향에 맞았던 것 같다. 주말에는 3,000불 주고 산 중고차를 몰고 미시간주 곳곳을 다니기도 했는데, 때로는 제일 북쪽의 캐나다 국경 지역이나 동쪽 디트로이트, 남쪽에 있는 시카고까지 다니기도 했다. 시카고에는 한국 물건이나 반찬을 사러 자주 다녔는데 공부하러 와있던 신대원 동기인 유연영 전도사나 고등학교 동기이자 신학교 후배인 오규훈 목사와도 만났다. 한국 물건은 30분 거리에 있는 그랜드래피즈(Grand Rapids)에 가서 주로 샀는데 유명한 칼빈신학교도 그곳에 있었다. 교회는 홀랜드에 있는 교회들이나 같이 공부하는 전도사님이 시무하는 미시간대학교가 있던 앤아버의 한인교회까지 여러 곳을 다녔다. 처음 가는 미국 교회에 가서 몇 번 실패했던 것은 한국교회는 주일 예배가 오전 11시에 거의 고정되어 있는데 미국교회는 9시30분이나 10시에 시작하는 교회 그리고 오후에 예배드리는 교회 등 시간이 다양해서 때로 예배 시간을 놓치기도 했다.

아무튼 이렇게 학교 생활을 즐기다 1년이 채 되지 않은 10개월 만에 졸업을 하게 되었다. 논문은 한국 경제위기와 관련된 세계화와 개혁교회 윤리로 썼다. 졸업식에 우리 석사학위 학생을 대표해서 연설하는 영광을 누렸다. 그야말로 미국 청중들 앞에서 처음으로 하는 영어로 하는 연설이어서 많이 긴장되기도 했다. 사실 졸업하기 전 12월에 박사과정(Ph. D)에 지원하게 되었다. 본래 공부하러 온 것은 아니었지만 1년 공부해 보니 할만하다는 생각도 들고 밑져야 본전이라는 생각으로 했는데 덜컥 캐나다 토론토에 있는 Knox College of University of Toronto에서 합격 통지를 받았다. 그래서 토론토에 이사 갈 예정으로 5월에는 식구들과 함께 토론토에 다녀왔다. 나 혼자 한국에 나가서 집 문제와 교회 문제도 정리했다. 집은 일단 정리하고 왔지만 고백교회의 후임자나 여타 교회와 관련된 일을 처리했다. 그래서 7월 말 토론토로 이사했다. 외국 생활에서는 처음 사는 곳이 고향 같은 곳이 된다고 한다. 비록 1년밖에 살지 않았지만 홀랜드는 고향 같은 느낌이 들었다. 캐나다에 이주하고도 홀랜드에 아내와 함께 한번 찾아가기도 했다.

토론토 Knox College에서 박사과정

토론토로 이사 온 것은 2000년 8월이었다. 미국 짐을 대충 정리하여 U-Haul 이삿짐 차에 싣고 짐차는 내가 운전하고 승용차는 아내가 운전하였다. 운전을 별로 좋아하지 않고 잘하지도 못하는 아내가 은근히 걱정되었으나 달리 방법도 없고 내가 앞에서 천천히 몰고 맞추어서 갔다. 천천히 갔기에 10시간은 넘게 걸린 것 같았다. 작은 소도시인 Holland와는 달리 토론토는 광역으로 인구가 400만 명이나 되는 캐나다 최대의 도시이고(캐나다 도시들은 도시 입구 안내판에 인구수가 쓰여져 있다), 한국 사람도 10만 명이나 살았다. 한국 사람뿐만 아니라 이민자의 도시라 할 만큼 전 세계에서 이민 온 사람들이 사는 곳이기도 했다. 중국 사람들은 60만이 되었으니 광역 인구의 15%를 차지하고 있었다. 우리가 이사간 곳은 토론토대학 낙스칼리지 근처이고 토론토 중심가인 토론토대학 기혼자 기숙사로 쓰이는 아파트였다. 35, Charles Street에 있어 우리가 찰스라 부르는 곳이다. 이곳에는 장신대 신학대학원의 동기생이나 후배들이 이미 박사과정에 많이 공부하고 있었다. 같은 아파트에 대부분 같이 살다 보니 후배 목사들이 나와 이삿짐 나르는 것을 도와주었다. 방 2칸에 거실과 부엌이 있는 작은 아파트이지만 우리가 살기에는 부족함이 없었고, 무엇보다도 학교도 가깝고 시내 중심가여서 교통도 좋았다. 산이도 근처에 있는 초등학교에 입학시켰는데 걸어갈 만한 거리여서 편리했다. 애들 학교가 멀면 등하교에 맞추어 아이들 태워주는(ride) 일이 만만치 않기 때문이다. 찰스아파트에는 30여 개국 이상에서 몰려온 석박사 학생 중 기혼자들이 사는

토론토대학 낙스칼리지(왼편부터 아들 김산과 아내 그리고 장모님, 처이모님)

곳이기에 그야말로 국제 아파트였다. 옆에 다른 아파트 동도 하나 더 있기에 학생들 숫자도 어림잡아 몇백 명이 넘어 보였다. 한국에서 신학을 전공하러 온 석박사 과정 학생들도 30여 명이 넘었기에 촬스모임이라는 것도 있어서 절기나 크리스마스에는 아파트 common room에 모여 Potluck 잔치도 했다.

위의 사진은 내가 다녔던 낙스칼리지인데 아내와 산이가 방문한 장모님과 처이모님을 안내했다. 낙스신학대학원(Knox College)은 토론토대학(University of Toronto)에 소속된 학교로서 캐나다장로교회(Presbyterian Church of Canada, PCC)의 신학교였다. 이 대학의 신학 석박사 과정 토론토신학대학원(Toronto School of Theology, TST)에서 주관하는데 TST에는 가톨릭 대학원 3곳, 성공회 대학원 2곳, 캐나다연합교회(United Church of Canada, UCC)대학원 1곳 그리고 캐나다장로교회대학원 등 7개 신학대학원이 연합으로 학위를 주관했다. 그래서 비록 내가 PCC학교로 입학했지만 내 전공과 관련된 과목은 다른 학교들에서 많이 들었고 주임교수도 가톨릭 평신도 신학자인 Lee Cormie 박사였다. 전공은 이미 학교에 입학할 때 정한 바 있지만 기독교사회윤리(Christian Social Ethics)로 세계화(Globalization)와 관련된 정치경제 윤리로 방향을 정했다. 미국에서 석사학위 때에도 주제는 비슷했지만 학교 특징을 고려하여 개혁교회(장로교회)의 개혁신학에 기반한 윤리 문제를 다루었다면 이번에는 에큐메니칼 신학 관점에서 세계교회와 한국교회의 세계화에 대한 대응을 다룰 작정이었다. 하지만 논문을 쓰기 전에 2년은 Course Work라고 관련 과목들을 수강해야 했다. Knox College에는 기독교윤리학과 교수가 없어서 주로 UCC의 학교인 임마누엘신학원(Immanuel College)과 가톨릭 학교인 St. Michael College에서 개설한 수업을 많이 들었다.

영어로 강의를 듣는다는 것은 사실 미국에서나 캐나다에서나 마찬가지로 큰 도전이었다. 그래도 수업 시간에는 미리 책을 읽어가기도 하고 신학과 관련된 주제를 다루기에 대략은 무슨 얘기를 하는지 알아들을 수도 있고 제한된 범위에서 토론에 참석하기도 했다. 더 괴로운 곳은 쉬는 시간이나 친교 시간인 Social Gathering에서였다. 주로 세상 돌아가는 얘기나 어제 본 TV의 프로그램 이야기를 나누는데 도대체 무슨 얘기인지 알아듣기가 어려웠다. 그런 중에서 위안이 되었던 것은 2002년 월드컵 축구대회가 한국에서 열린 것이 화제가 되고 특히 그들도 신기했던지 관중들이 함께 외치는 "대~한~민~국"이 무슨 뜻이냐고 물어보았다. 나는 그 말 뜻은 "Republic of Korea"라고 대답하며 그들이 모르는 것을 알려주는 입장에서 어깨가 으쓱했다.

월드컵 얘기가 나왔으니 한국에서도 난리였지만 토론토 시내의 Korean Town에서는 한국 학생들과 토론토 교민들이 모여 대한민국을 외치며 난리였다.

낙스칼리지에는 장신대 신대원 동기인 박만 목사 오방식 목사, 민중교회 후배인 최승기 목사, 잘 알고 지냈던 탁지일 목사 등이 먼저 공부하고 있어서 함께 친교도 나누고 좋은 학교 정보도 얻을 수 있었다. 40이 넘어 북미에 공부하러 오다 보니 공부가 늦어져 동기들은 이미 논문을 다 마쳐가는 상황이었고 최 목사나 탁 목사 등 후배들도 나보다는 진도가 훨씬 빨랐다. 나중에 이 네 분들은 우리 교단의 신학교들이 있는 서울, 부산, 광주에서 신학교 교수를 지내게 된다. 이 중에서 탁지일 목사가 공부하러 오게 된 과정이 흥미로웠다. 탁 목사는 아는 분은 대부분 잘 아는 우리나라 이단 기독교 연구의 대가인 탁명환 선생의 큰아들인데, 탁명환 선생은 극단적인 이단 기독교 교인에 의해 칼로 살해된 순교자이기도 하다. 그런데 그렇게 유명한 탁명환 선생이 박사도 아니고 목사도 아니었다고 한다. 그래서 큰아들에게 너는 꼭 목사가 되고 박사가 되라고 평소에 많이 말씀하셨다는 것이다. 그런데 탁지일 목사가 장신대 신학대학 학부에 재학 중에 학내 사태 주동자로 몰려 신학대학원에 5년 동안 지원 못 하게 되는 벌칙을 받았다. 그래서 할 수 없이 미국으로 건너와 샌프란시스코에서 석사학위를 하고 박사학위를 하기 위해 토론토에 오게 되었다는 것이다. 탁 목사는 나중에 통일교의 가정 문제를 주제로 박사학위를 하게 되었는데 한국에 돌아가서도 부산장신에서 교회사 교수로, 아버지가 세운 이단종교문제연구소에서도 자문 역할을 하고 있다.

캐나다 토론토 우리 집을 방문한 부모님과 큰아버님 그리고 친인척들

부모님이 내가 있는 토론토에 온 것이 아마도 2004년쯤일 것 같다. 미국 LA에 들러 영환 형과 큰아버지 그리고 큰아버지네 영희 사촌 누나, 영란 사촌 동생 그리고 어머니 친구인 강 전도사님 등 8분이 한꺼번에 오셨다. 사진은 우리 집 앞의 잔디밭에 있는 의자에 앉아 같이 얘기하는 장면이다.

사실 오신다는 것은 몇 달 전에 미리 알았고, 우리 식구들도 처음 오시는 부모님뿐만 아니라 여러 어른들이 오시기에 준비를 많이 하였다. 그 전에 차를 바꾸면서 아예 큰 밴으로 차를 준비했다. 아무래도 오시면 먼 곳까지 가는 여행은 한 번 가야 하는데 몬트리올이나 퀘벡의 동부여행을 가야 할 것 같아 나 혼자 2박 3일 관광버스 타고 가는 여행을 하기도 했다. 하지만 어른들은 바깥에서 자는 여행은 하려고 하지 않으셨다. 집도 좋고 근처도 좋은 곳이 많은데 잠을 자면서 돈을 쓸 필요가 없다는 것이었다. 그래서 하루 자야 되는 퀘벡까지는 못 가고 천섬(Thousand Island)과 오타와 가는 일정으로 다녀왔다. 물론 1시간밖에 걸리지 않는 나이아가라 폭포에는 당연히 갔다. 한 번도 올라가 보지 않았던 시내 중심가의 토론토의 상징이 되는 토론토 타워(세계에서 두 번째로 높다고 하는)에도 다녀왔다. 공부하러 온 유학생들 대부분이 캐나다의 관광지들을 가족들이나 친구들이 여행 왔을 때 간다고 했는데 자연스레 그렇게 되는 것 같다.

토론토대학 미시시가(Mississauga) 캠퍼스와 2746 Cathian Court

그해 크리스마스 전쯤 토론토대학 미시사가(Missisauga) 캠퍼스에 있는 기숙사에 사는 박사 후보생인 이정우 목사의 초청을 받아 놀러 가게 되었다. 캐나다의 집들은 크리스마스 시즌이 다가오면 주택 외곽에 크리스마스트리와 조명으로 치장을 하여 밤에는 구경거리가 된다. 토론토 시내에서 약 50분이 걸리는 미시사가로 가는 중에 미시사가 로드에 있는 큰 저택들이 모인 곳은 그야말로 장관이었다. 미시사가 캠퍼스의 기숙사는 토론토의 챨스와는 달리 아파트가 아닌 타운하우스였다. 초청받아 다녀온 후에 아내는 우리도 미시사가 캠퍼스로 이사 가기를 원했다. 사실 학교 거리도 멀고 챨스에 많은 친구들도 살고 있기에 나로서는 별로 가고 싶진 않았지만 한국에서부터 나를 위해 많은 희생을 했다고 생각되어 미시사가로의 이사를 결정했다. 그런데 그 미시사가에 그 후로 계속 살게 될 줄은 그때는 잘 몰랐다. 1년 뒤에는 처제네 아들인 민제의 고등학교 유학이 논의 되었다. 아내의 하나밖에

캐나다 토론토 우리 집의 실내와 바깥

없는 동생인 처제네는 아내보다 일찍 결혼했다. 동서인 남편이 삼성전자에 근무하는데 유럽에 6년간이나 주재원으로 갔다 와서 큰아들 민제가 한국에서 적응이 쉽지 않았다. 마침 언니네가 캐나다에 사니 아이를 유학 보내고 싶다고 것이다. 생각해 보면 처제네가 유럽(오스트리아 빈)에 있을 때 초청받아 두 달이나 가서 지내며 유럽 여행을 제대로 하며 신세도 많이 졌다. 사실 토론토에는 여러 모양으로 조기 유학 온 학생들이 많았다. 돈도 있고 아이도 한국에서 적응이 어려우니 처제네로서도 당연한 일이긴 했다. 가까운 사람들 자녀 유학 생활 패트론(Patron: 보호자)은 피하라는 게 일반 이민자들의 상식이긴 했지만 한국에서 처제네 도움을 많이 받은 우리로서도 그렇게 거절할 수만은 없었다. 민제가 오는 것을 계기로 미시사가에 있는 단독주택으로 집을 이사했다. 2746 Cathian court에 있는 아담한 집이었는데 캐나다의 우리 집에 놀러 온 바 있는 윤인중 목사나 임병구 선생 식구들이 지금도 그 집이 생각난다고 가끔 이야기하곤 한다.

민제가 온 다음에는 우리 집 다이내믹스도 많이 달라졌다. 외부 식구와는 처음 살아본 터이고 민제가 조카이기에 어려움도 좋은 점도 있었다. 민제 아빠는 그때 삼성전자 인사부장이어서 가끔 캐나다에 출장도 왔는데 외국 사람 채용에 면접 보러 오기도 했다. 처제도 가끔 캐나다에 왔는데 나중에는 둘째인 딸인 민영이까지 캐나다에 공부하러 왔다. 민영이는 토론토에 있는 미술대학을 졸업하고 치과의사와 결혼해 지금도 토론토에서 살고 있다. 우리가 맺은 캐나다와의 인연이 처제네로까지 넓혀진 것이다.

이 집에는 민제 외에도 또 하나 식구가 생겼다. 시베리아 허스키로 멋진 개가 우리 집에 오게 된 것이다. 토론토에서 목회하는 후배 최규영 목사에게 한 번은 연락이 왔다. 자기 집의 개가 새끼를 몇 마리 낳았는데 혹시 그중에 하나 키울 마음이 있느냐는 것이었다. 본래 사람 많은 우리 집에서 한 번도 개를 키운 적이 없는 나로서는 당연히 거절이었다. 그런데 이 전화를 옆에서 듣던 아들 산이가 자기가 도울 테니 그 개를 키우자는 것이었다. 집안에 일에 관해서는 별로 의견도 내지 않던 아들이 키우고 싶다고 하니 나도 관심이 생겼다. 이름은 김보름이라 짓고 나서 생전 처음 집에서 개를 키우게 되었다. 처음 보름이에게 필요한 용품들을 사러 가게에 들렀더니 사람들이 난리였다. "네 개가 너무 귀엽다", "예쁘고 멋있다"(gorgeous) 등 난리였다. 보름이 때문에 내가 다 어깨가 으쓱해졌는데 나중에 알고 보니 허스키는 금방 자라 큰 개가 되기 때문에 그렇게 작은 새끼 허스키를 보기가 힘들기 때문이었다. 개를 처음 키운 내가 이것을 알 리가 없지만 아이는 없어도 개는 한 마리씩 데리고 사는 캐나다 사람들은 개에 대해 너무나 잘 알고 있다. 더구나 캐나다는 겨울의 나라 아닌가? 썰매를 끄는 허스키가 인기가 좋은 것도 당연한 것일 거고. 보름이를 데리고 아침저녁으로 한 시간씩 운동하는 것은 내 일과 중의 하나가 되었다. 개들이 끈을 풀고 마음껏 뛰놀 수 있는 leash free 지역도 동네 서너 군데 있었다. 가끔 보름이를 데리고 거기에 가서 뛰놀게 하고 다른 개 주인들과 대화를 나누곤 했다. 사실 캐나다 사람들과 대화를 많이 할 기회는 학교 아니면 별로 없는데 보름이를 키운 후 1년간 그들과 얘기 나눈 것이 그 전에 5년보다 많은 것 같다. 보름이를 키우면서 알게 된 것은 작은 개들이 잘 짓는다는 것이다. 보름이는 체구가 큰데 별로 짖는 일이 없었다. 아 개가 짖는 것은 겁이 나서 그런 거구나 하는 것도 알게 되었다. 보름이에게 딱 하나 문제가 있다면 허스키가 털이 많아 집안 곳곳 그리고 차 안에도 그리고 내 옷에도 보름이의 털이 언제나 묻어 있다는 것이다. 하루에 한 번씩 집에서 진공청소기를 돌려도 털이 없을 때는 없었다. 눈이 오면 보름이는 바깥에 나가 앉아서 눈을 즐기곤 했다. 썰매 끄는 허스키의 본능인가 보다. 보름이를 몇 번 잃어버린 적도 있었다. 워낙 힘이 세고 속도도 빨라 무엇 때문인지 다른 데로 달려가면 잡기가 어려웠다. 방법이 없어 기다리다 보면 옆집에서 보름이 왔다고 귀띔을 해준다. 그 집에 있는 개와 놀고 있었는데 아마도 집은 본능적으로 찾아오는 것 같았다. 내가 2008년 먼저 귀국한 뒤 아내가 보름이를 몇 년 더 키우다가 힘에 부쳐 영어학원을 하는 젊은 부부에게 주었다고 한다. 토론토 시내에 있는 그 학원에 보름이를 보러 한 번 가려고 했는데 오랜만에 캐나다에 가면 경황이 없어 그 뒤로 보름이를 본 적은 없다. 지금도 가끔 나이아가라 폭포에서 찍은 보름이와의 사진을 보며 추억을 달랜다.

벧엘교회 청년부와 임마누엘토론토한인연합교회 목회

　미국에서는 1년간 있었기에 교회를 정하지 않고 미국 교회 여러 곳을 순회하면서 예배드렸지만 토론토에 와서는 아무래도 교회를 정하고 다녀야 할 것 같았다. 그러던 중 신대원 동기로 캐나다 교포와 결혼하여 일찍 이곳에 와서 박사학위도 하고, 내가 다니는 Knox college에서 공부하고 목회도 하던 허천회 목사로부터 본인이 목회하는 벧엘교회 청년부 사역을 제안받았다. 벧엘교회는 토론토 구시가지에 자기 건물을 가지고 있고 300명 출석 교인 중에 청년부가 100여 명 되었다. 그중에 1/3은 이민 교인들 자녀이고 2/3는 유학생이나 어학연수생이었다. 교회 크기에 비해서는 청년부가 많은 편이었는데 3부 예배가 청년 예배로 드렸다. 예배도 어른 예배와는 달리 찬양을 약 30분 정도 하고 설교는 짧게 하는 편이었는데 찬양팀이 매주 토요일 나와 연습을 했다. 청년들이다 보니 예배와 성경공부보다는 기타 활동이 많았다. 가을에는 apple picking 하러 나이아가라 폭포 근처 농장에도 가고 겨울에는 스키여행도 갔다. 주말마다 다른 교회 청년들과 축구 시합도 자주 있었다. 유학생이나 어학연수생 청년들은 교회에서 멀지 않은 코리아타운의 식당에서 서빙을 하는 아르바이트를 많이 했다. 주말에 코리아타운 식당에 가면 서빙을 하는 청년들에게 작은 대접도 받았다. 내가 목회하던 2000년대 초반에는 2001. 9. 11. 뉴욕 맨해튼의 세계무역센터 테러의 여파로 미국이 입국을 강력하게 통제

하다 보니 어학연수생들이 캐나다로 몰려왔다. 그래서 주일마다 서너 명씩 귀국하는 청년들과 입국하는 청년들이 인사하는 시간이 예배에 중요한 순서 중의 하나였다. 청년 사역은 활동이 많아 시간을 많이 뺏기기에 박사과정 공부와 병행하는 데는 힘이 들었지만 그들을 통해 큰 활력도 얻기도 했다. 청년들은 학업 문제와 생계 문제 그리고 이성 문제까지 해결해야 될 문제도 많고, 신앙 문제에서도 고민이 많았다. 비록 내가 EYC에서 활동했던 것과 같이 진보적 신앙을 가르칠 분위기는 아니였지만 그래도 청년들과 함께 보낸 시간이 내겐 큰 힘이 되었다.

그 뒤로 임마누엘토론토한인연합교회에서 목회하게 되었다. 임마누엘교회는 1967년 토론토에 맨 처음 세워진 한인교회인 '토론토한인연합교회'가 모태이다. 토론토한인연합교회는 캐나다연합교회(UCC) 소속인데 캐나다연합교회는 1925년 장로교, 감리교, 회중교회 등이 합쳐 세워진 세계 최초의 연합교단으로 에큐메니칼 운동과 진보적인 신학을 가진 교단이다. 제1대 담임목사였던 이상철 목사는 캐나다 교회의 지도자로 연합교단 총회장, 신학교 이사장 등을 지냈다. 이상철 목사는 한국의 기독교장로회 교단의 창시자인 김재준 목사의 둘째 사위로 진보적인 교회 목회는 물론 한국의 민주화운동과 통일운동에도 앞장선 교회 지도자이다. 토론토한인연합교회의 교인 중에도 북미에 교포들을 북한에 방문하는 프로그램을 주도한 고 전충림 장로 등과 같은 진보적인 인사들이 많았다. 그런데 이러한 교회가 2002년에 당시 목회자 문제로 교회가 둘로 갈라져 알파교회와 오메가교회로 나뉘어져 오후 1시 30분, 오후 3시 30분에 예배를 따로 드리는 상황이었다. 목회자가 없던 오메가교회가 나중에 임마누엘교회가 되는데 이 교회에서 임시 설교 목사(Sunday supply)로 시작했다가 담임 목회자가 되었다. 임마누엘교회는 교회 제직회를 30명으로 구성하고 1년에 10명씩 바꾸는 체제로 운영했는데 제직회 회장도 담임 목회자가 아닌 평신도가 담당했다. 예배에서도 평신도가 사회를 맡고 목회자는 설교만 담당했다. 말하자면 평신도 중심 체제가 갖추어진 민주적 운영체계라 하겠다. 교회 성가대도 적은 인원이지만 훌륭했는데 지휘자는 보스턴대학교에서 합창 지휘로 박사학위를 받은 김훈모 박사로 본인이 피아니스트이기도 했다. 교인들은 70~80명 정도 모였지만 다들 신앙적 성향이 진보적인 그런 교회였다. 한국에서는 민중교회 목회를 했지만 대부분 노동자 출신의 초신자들이 모였기에 목회자 혼자 진보적인 신학이나 신앙을 가졌지 교인들은 그렇지 못했는데 진보적인 회중들을 데리고 목회를 하게 된 것이다. 하지만 교인들이 나이가 많고 최근에 이민 온 한국분들과는 정서적으로나 신앙적으로 성향이 달라 새로운 교인들이 잘 들어오지 않는다는 한계도 분명히 있었다. 아무래도 한국에서 최근에 이민 온 신자들은 한국교회의 대형 교회가 가진 보수적인 신앙의 성향을 가지게 마련이었다.

이렇게 3년을 목회를 하다 보니 사실 박사학위 논문을 쓰는 일은 뒤로 미루어질 수밖에 없었다. 사실 토론토에는 박사학위 공부를 하기 위해서 왔는데 계속 목회하다가는 논문을 포기해야 할 것 같았다. 사실 계속해서 캐나다에서 목회를 할 계획이면 박사학위에 매달릴 필요는 없을 것이다. 하지만 캐나다에 살아보니 자체적으로 안정된 사회에서 내가 할 수 있는 일이란 별로 없었다. 사회적 차원의 활동이 없는 신앙생활이나 목회는 내게는 의미가 없었기에 아무래도 한국으로 돌아가야 할 것 같았다. 그렇게 생각하니 기왕에 공부하러 왔는데 논문을 완성해야지 하는 생각에서 교회에 사임을 청했다.

박사학위 논문과 한국으로 귀국

교회를 사임하고 다시 박사학위 논문에 집중했다. 약 1년 3개월이 걸렸는데 앞에서 언급했듯이 논문의 주제는 세계화에 대한 한국교회와 세계교회의 신학적 교회적 대응이었다. 박사학위 논문 특히나 외국에서 영어로 써야 하는 경우에 논문 지도교수의 역할이 절대적이었다. 그래서 가톨릭 평신도 신학자인 Lee Cormie 교수와 한 달에 두 번 이상은 만났다. Cormie 교수는 해방신학을 전공한 신학자답게 행동적인 신학자였다. 그래서 캐나다교회의 사회 선교 활동(예를 들어 Kairos Canada)에도 적극 참여해 왔다. 한국교회의 사회 선교 활동에 대한 의견들을 많이 나누었고 이는 주임교수가 내가 쓰려고 하는 주제에 대해 이해를 돕는 데 크게 도움이 되었다. 한 장(chapter) 분량의 원고를 쓰게 되면 그 내용을 바탕으로 주임교수에게 먼저 제출하고 1주일 뒤에는 원고에 대한 의견과 교정을 하는 식으로 몇 개월을 보내 마침내 논문이 완성하게 되었다. 논문 제목은 "Glocalization from Below: Ecclesiastical and Theological Response of the Ecumenical Churh and the Korean Church to Globalization"(아래로부터의 세계화-지방화: 세계화에 대한 세계교회와 한국교회의 교회적 신학적 대응)이었다.

장모님 이야기

장모님과 아내(미국홀랜드의 학교 기숙사 앞에서)

사진은 미국의 Western Theological Seminary 유학 중 기숙사로 준 집 잔디밭에서 2000년 봄에 장모님이 방문했을 때 아내가 찍은 사진이다. 장모님은 2010년, 아내는 2024년에 먼저 하늘나라로 가셨다. 장모님과 아내 둘 다 암으로 돌아가셨다. 2010년 봄엔가 마산에 계시던 장모님이 수술 부위가 덧나서 서울 삼성병원에 입원하시게 되었다. 심상치 않았던지 산이 엄마도 귀국해서 같이 병원으로 갔다. 진단이 며칠 동안 늦어져 불안했는데 급기야 담당 의사가 우리 부부와 동서네 부부 넷을 불렀다. 장모님 온몸에 암이 퍼져있다는 것이고 수술도 불가능하다는 것이었다. 무슨 암이냐고 물었더니 그것도 알려면 복잡한데 수술하지 않을 것이면 굳이 알 필요는 없다고 대답했다. 의사에게 당신 어머니여도 수술을 하지 않겠냐고 물었더니 자신도 그렇게 할 것이라고 대답했다. 일단 우리 넷은 수술하지 않는 방향으로 합의하고 장모님에게 말씀드렸다. 장모님은 마산의 유명한 불교 지도자로 금용사라는 절을 운영하고 있었다. 머리만 안 깎았지 사실 스님 역할을 하는 분인데 비록 목사이지만 나도 그러한 장모님을 존중했다. 아무튼 큰 절을 운영하기에 이를 정리하는 것도 만만치 않아서 일단 마산에 2주 동안 머물면서 정리를 하고 올라오셨다. 일단 절은 조계종의 마산 지역에서 여러 절을 관리 운영하는 큰 스님에게 넘기기로 하고 집안의 여러 가지 일도 아내와 처제가 같이 가서 정리를 했다. 그리고 처제가 알아본 용인의 백암면에 있는 영동교회가 운영하는 '샘물호스피스 병원'에 입원하셨다. 이 병원의 의사들은 서울의 대형 병원에서 근무하다 은퇴하신 분들이었다. 자원봉사 차원의 반상근 근무로 급여는 적지만 의료 수준은 높은 분들인데 입원할 때 대략 2달 정도 사실 것이라고 말했다. 사실 장모님은 암 치료를 전혀 받지 않아 외관으로 보면 멀쩡하신데 아무리 의사이지만 너무 예단하는 것 아닌가 하는 생각도 들었다.

　　이 기간 동안 아내는 주일에 새민족교회에 출석했다. 사모님이 언제 오시느냐고 만나면 묻곤 했던 교인들에게 그나마 작은 대답이 되었지만, 아내는 어머님이 아파서 온 것이다 보니 난감하기도 했다. 그런데 놀라운 일은 호스피스 병원에서 장모님이 기독교인으로 개종한 것이다. 나는 비록 목사이지만 평생 지켜 온 신앙을 존중하여 한 번도 개종을 권유하지 않았지만, 보수적인 신앙을 가진 처제나 아내는 자신들이 믿는 천국에 어머니가 가시길 바라는 마음으로 꾸준히 장모님에게 개종을 권했다. 처제네가 다니는 수원의 영통교회 목사님을 초청하여 예배도 드렸다. 왜 평생을 불교도로서 심지어 절까지 운영했던 불교 지도자가 마지막에 기독교인으로 개종했을까? 처제는 하나님의 인도하심으로 그렇게 되었다고 철썩같이 믿고 그렇게 말했지만 내가 보기엔 마지막으로 자녀들의 소원을 들어주는 어머니의 마음이 작용한 것이라 생각되었다. 아무리 내 생각이 그렇더라도 그것이 처제네나 아내에게 마음의 상처가 될 수 있기에 그 말을 꺼낼 수는 없었다. 호스피스 병원 의사들이 예견한 대로 2달 후에 장모님은 돌아가셨다. 그래서 서울 삼성병원 장례식장에서 장례를 기독교장으로 치렀다. 개종 예배에 오신 처제네 교회 목사님이 장례를 주관했는데 새민족교회 교인들도 많이 오셨다. 물론 우리 부모님이나 형제자매들도 다 함께 해주었다. 그리고 마산에 내려가서는 금용사에서 불교장으로 3일장을 다시 치렀다. 마산의 스님들이나 불교도들이 많이 참석했는데 내가 가족 대표로 감사 인사를 했다. 그러고 보니 10년 전에 장인어른이 돌아가셨을 때의 기억이 났다. 장인어른의 부고를 받고 아내와 산이를 데리고 마산의 병원으로 갔는데 당시 동서가 삼성전자 상사 직원으로 이탈리아 밀라노에 근무할 때였다. 그래서 부고를 받고 와도 거의 장례식이 끝날 때쯤이나 올 수 있는 상황이었다. 문제는 딸 둘밖에 없는 집에 상주 역할을 할 사람이 나밖에 없었다. 그런데 오는 손님들은 대부분 스님들이나 불교도들이 많으니 같이 절을 하고 스님들의 조문 염불을 10~20분 꼼짝없이 들을 수밖에 없었다. 사실 기독교 장례에서는 절도 하지 않고 서서 목례만 할 뿐인데 목사인 내가 어쩔 수 없이 일반 장례식 형태로 조문을 받은 것이다. 나는 속으로 절을 하는 것이 우상숭배도 아니고 마지막 떠나시는 분에 대한 예의와 존중이라고 생각하고 눈 딱 감고 그렇게 하기로 결심했다. 마음에 걸리는 것은 산이 엄마의 이모님들이었다. 그중에서도 막내 이모님은 부산의 보수적인 고신측 교회의 권사님인데 남편은 장로님이시다. 그분들은 목사가 자기들 앞에서 불자와 절을 나눈다는 것이 몹시 불편한 모양이었다. 그래서 장례식이 끝나자마자 내게 이모부 장로님이 "자네 교단에서는 그렇게 가르치나?"라고 힐난하시듯 물으셨다. 나는 "아닙니다. 제가 그렇게 한 것뿐입니다"라고 대답했다. 이러한 경험을 했기에 장모님 장례식에도 참석했던 그분들이 몹시 신경 쓰이기도 했다.

사실 돌아가신 장모님은 내가 어렵게 민중교회를 할 때에나 우리 집의 가장 큰 스폰서이기도 하셨다. 사위가 둘 있는데 작은 사위는 삼성전자 상무고 큰 사위는 작은 교회 목사이니 우리 집에 신경 쓰실 수밖에 없었다. 산이에 대한 애정도 남다르셔서 아이 옷은 우리가 산 것이 없을 정도였다. 절에서 도움을 받아 민중교회 목회를 했다는 것도 부인 못 할 사실이기도 하다.

우리 가족 이야기 — 아내를 먼저 보내면서

우리 가족 사진 중에 내가 지금도 내 방에 간직하고 있는 사진이다. 아마도 2001년 벧엘교회 청년부 사역을 하기 위해 부임했을 때 교회 등록 가족사진으로 찍은 것이다. 산이가 6학년 때이니 20년이 넘었다. 우리 아들 산이는 1989년 4월 19일 생이다. 결혼 전 내가 읽고 감동 받았던 님웨일즈의 『아리랑』이라는 책 주인공인 '김산'의 이름을 딴 것이다. 조선 반도를 넘어 중국에까지 가서 독립운동가의 삶을 살았던 장지락이란 사람의 가명이기도 했다. 산이가 초등학교 4학년 때인

가족사진(토론토 벧엘교회에서)

1999년에 미국으로 가게 되었는데 그 이후 산이는 캐나다에서 살고 있다. 초중고와 대학을 다 캐나다에서 마쳤으니 이제 그야말로 캐나다 사람이라 할 것이다. 엄마를 따라 미술적 재능을 받았는데 대학에서 미술을 전공하고 디자이너로 살아가고 있다.

아내는 1957년 12월 22일 생이다. 20년 전에 돌아가신 장인어른이 도자기 장인인데 주안에 있던 중앙도자기에 다니셨을 때 인천에서 태어났다. 그리고 초등학교 때 마산으로 이사 갔으니 포항에서 태어나 초등학교 때 인천으로 올라온 나와는 정반대의 방향으로 이동한 것이다. 홍익대 미술대학을 졸업하고 장로회신학대학원에 나와 동기로 입학했다. 한때 기독교미술을 공부하러 이탈리아 유학을 준비했지만 나와 결혼 후에는 민중 목회의 현장에서 함께했다. 그리고 자신도 신대원을 졸업했지만 목회의 길로 가지 않고 화가로 살면서 내 목회를 도왔다. 감사한 것은 본인의 신앙적 방향과 다른 남편이 가는 길에 함께해 주었다는 것이다. 신대원 시절에도 내가 활동하는 진보적인 신학서클인 현대신학연구회에 들어와 같이 활동했고, 학교 신문인 「신학춘추」의 기자로서 함께 활동했다. 고백교회를 개척하고 생활의 어려움도 많고 본인은 익숙하지 않은 공단 지역에서의 노동 목회 과정에도 불평 없이 함께해 주었다. 1999년 WCC 장학생으로 미국을 가게 되었을 때 본래는 1년을 예상하고 갔지만 아내와 산이도 동행했다. 아내는 이런 기회에 미주로 가게 된 것을 아주 기뻐했다. 어쩌면 나의 목회나 활동 방향과 맞추어 생활하다가 나름대로 자신이 좋아하는 일을 하게 된 것 같았기 때문일 것이다. 캐나다에서는 그동안 띄엄띄엄 활동했던 화가로서 본격적으로 작품활동을 했다. 본래는 사람들과 어울리는 스타일이 아니었는데 나와 살면서 사람들 만나는 것을 좋아하게 되었는지 미시사가의 우리 집은 캐나다에서 공부하는 토론토신학대학원 학생들이나 목회하던 선후배 목사들이 서로 친교하며 교류하는 터전이 되었다. 아내는 집을 무척 꾸미길 좋아했는데 그렇다고 비싼 물건들을 살 처지는 아니어서 주로 주말에 차고에서 자기 집 물건을 내놓고 파는 garage세일이나 시골길 가다 보게 되는 antique shop에서 아기자기한 물품들을 많이 샀다. 어느 날 그런 가게에서 이런 글귀가 적힌 물건을 사기도 했다. "Yesterday is history, Tomorrow is mystery, and Today is present"(어제는 역사이고 내일은 신비이다. 그리고 오늘은 선물이다). 나와 같이 들러 책을 사기도 했는데 「national geographic」 이전 호 등은 공부하는 중간에 재미로 읽을 수 있는 잡지이기도 했다. 우리 집 지하에는 전 주인이 옷가지를 두는 골방같은 것이 있었는데 아내는 여기를 기도방으로 만들어 자신만의 기도 생활을 했다. 향심기도라든가 영성적 기도를 통해 영성 생활을 추구했다. 이런 점도 나와의 차이이긴 한데 나는 행동적 신앙을 좋아하고 아내는 내면적 영성에 더 관심이 많았다. 아내와는 차를 타고 캐나다 시골길 drive를 즐겼다. 우리 집에서 1시간 정도밖에 걸리지 않는 나이아가라 폭포에는 몇십 번은 같이 다녀온 것 같다. 나이아가라 폭포에는 폭포도 폭포지만 Winery(포도주양조장)가 수십 군데나 되어 와이너리 투어도 많이 했다. 근처 Niagara on the lake라는 도시에는 예쁜 가게들이 많아서 그곳에도 가끔 들렸다. 겨울에는 Wine Festival도 있어서 토론토의 명품인 ice wine 시음대회도 있었다. 언젠가는 우리 집 허스키 보름이와도 같이 가기도 했다.

그런데 2008년 공부를 마치고 새민족교회로 부임하러 올 때 우리 가족은 동행하지 못했다. 산이는 초등학교부터 대학까지 다 캐나다에서 다닌 데다가 남자여서 군대 문제도 있고 해서 한국으로 돌아온다는 생각은 하지 않았다. 하지만 아내는 그때 산이가 고3인 데다 세계 경제 위기로 집값이 폭락하여 판매도 되지 않는 상황을 감안하여 귀국을 잠시 미루었던 것이다. 하지만 삶에서의 어떤 결정이 때로는 엄청난 영향을 미친다는 것을 이후에야 깨달았다. 그 이후에는 아내와 산이는 캐나다에서, 나는 한국에서의 사는 기러기 가족이 된 것이다. 물론 1년에 한두 번씩은 교회 휴가를 내어 주로 내가 캐나다를 방문했다. 그런데 코로나 사태가 터지면서 방문도 쉽지 않게 되었다. 안타까운 것은 아내가 말기 방광암이 도진 것이다. 아내는 과거에 장모님이 그랬던 것처럼 병원 치료 프로그램을 따르려고 하지 않았다. 자연 치유 방법으로 암을 이기려 했다. 자신의 존엄을 지키려 했던 아내의 결정을 멀리서나마 지지했다. 안타까운 것은 투병 생활 중에는 내가 직접적으로 도움을 주지 못했다는 것이다. 같이 사는 산이가 아들로서 엄마의 투병을 도왔다. 아들 산이에게 아빠를 대신해 엄마를 도와준 것에 감사한 마음이다.

작년 3월에 주일 예배를 보던 중에 산이의 문자를 받았다. "엄마가 3월 8일 돌아가셨어. 아빠가 와서 장례를 같이 치루었으면 해" 청천벽력 같은 소식에 황망한 마음을 가지고 산이와 통화하니 그래도 동네 병원에서 편안하게 가셨다고 전해 주었다. 장례는 엄마와 끝까지 함께했던 산이가 바라던 대로 진행하기로 했다. 그래서 처제네 가족 외에는 아무도 초청하지 않는 가족장으로 치루기로 했다. 그리고 산이는 엄마의 유골함을 자신의 아파트(미시사가의 우리 집을 정리하여 산이를 위해 근처의 콘도를 산 것이다)에 두겠다고 했다. 따로 납골당이나 묘지를 사용하지 않겠다는 것이다. 처음에는 황당했지만 그렇게 하는 경우도 있다고 해서 이해를 하고 엄마와 같이 있고 싶다는 아들의 뜻에 따르기로 했다. 장례식을 집도할 목사님은 산이 엄마와 함께 가끔 예배를 드렸던 집 근처 교회를 목회하는 박태겸 목사에게 부탁했다. 물론 직계 가족이나 친척, 한국의 장신대원 동기생들에게는 부고를 알렸다. 많은 분이 놀라며 위로를 전해 주었다. 그중에 신대원 동기이자 낙스에서 박사학위 공부도 같이했던 오방식 교수(장신대)가 추모사를 보내왔다.

"김영철 목사님, 너무 안타깝습니다. 목사님과 산이에게 주님의 위

아내가 그린 내 초상화(왼편)와 아들이 그린 내 초상화(오른편)

로가 함께 하시길 기도합니다. 고 심은주 사모님은 낙스에서 박사학위를 받으시고 토론토에서 목회도 하셨던 남편 김영철 목사님과 신대원 80기 동기이셨습니다. 화가로서 예술적 감수성을 가지고 신대원에 들어오셨고 해외에서 미술을 계속 공부하고 싶은 꿈을 가지셨는데 당시 민중교회 사역에 비전을 가진 김영철 목사님을 만나면서 소녀시대의 꿈과 다른 인도하심의 인생을 걸으신 분입니다. 깨친 것처럼 보이는 인간 고통의 삶 가운데 숨겨진 아름다움을 렘브란트처럼 그려내고 싶어 영성에도 관심을 갖는다고 말씀하시는 것을 들은 기억도 있습니다. 저희의 유학 시절에는 토론토 외곽에 있는 주택에 사셔서 TST(Toronto School of Theology 토론토신학대학원) 한국 유학생들이 목사님 집에 모여 바베큐파티를 하고 교제하도록 너그럽게 베풀어 주신 분이십니다. 이제는 평생 원하시던 대로 주님의 아름다움을 있는 그대로 보여 주며 그대로 마음껏 그려내는 천국의 화가로 평안을 누리소서."

아내는 떠나가고 아들은 토론토에 살고 있다. 한국의 내 방에는 두 모자가 그린 내 초상화가 걸려있다.

III. 기독교사회운동과 교육 운동의 현장에서

3장은 내가 참여했던 다양한 사회운동을 중심으로 기술하고자 한다. 나의 운동사는 크게는 1977년 대학 시절부터 기독교사회운동에 참여했던 것과 2014년 세월호 참사 이후에 마을교육공동체 운동에 참여했던 것으로 나눌 수 있다. 대략 10년 단위로 구분되어지는데 대략적으로 아래와 같이 나눌 수 있다.

1. 1977년~1987년 기독학생 운동과 청년 운동
   ― 성대기독학생회와 인천EYC를 통한 기독학생, 청년 운동에의 참여
   1984년에 장로회신학대학원에 입학, 예비 목회자로서의 활동 포함
   * 인천EYC는 한국기독청년협의회(EYCK, Ecumenical Youth Council in Korea)의 지역 조직으로 교단 청년협의체이다.

2. 1988년~1999년 민중교회 운동
   ― 예장 노동 목회자 훈련과 인천 고백교회 개척과 민중 목회 활동. 인천 지역 사회운동에도 다양하게 참여한 시기
   * 1999년~2008년 유학과 이민 목회
   WCC 장학생으로 미국에서 신학 석사학위와 토론토대학 낙스칼리지에서 박사학위 과정, 임마누엘토론토한인연합교회 이민 목회

3. 2008년~2018년 초 생명평화 기독교 운동과 작은교회 운동
   ― 새민족교회의 목회, 기독교사회문제연구소 부원장으로 생명평화

기독교 운동 참여, 생명평화마당을 통한 작은교회 운동 전개

4. 2018년~현재 마을 운동과 마을교육공동체 운동
— 2014년 경기도교육연구원 초빙연구원과 경기도교육청 시민감사관으로 마을교육공동체 운동에의 참여
— 2018년 NCCK 교육위원장으로 기독교교육 운동에의 참여
— 2020년 부평에서 삼릉마을학교 대표로서 마을교육공동체 운동 참여와 2022년 부평광장 이사장과 부평마을공동체네트워크 대표로 마을 운동에의 참여
— 2024년 4월부터 현재까지 인천교육청 마을교육공동체 담당관 활동

다양한 사회운동에의 참여를 다루는 이곳에서는 나의 생애사와 운동사를 연결해 보고자 한다. 그런 의미에서 일반적 운동사와 인천 지역 운동사에 대한 간략한 정리와 그와 결부된 나의 활동들을 다루는 형태로 다루어 보고자 한다.

1977년~1987년 기독학생, 청년 운동에의 참여

1) 기독학생 운동과 청년 운동

1970년대와 80년대는 한국기독교교회협의회(NCCK)를 중심한 기독교 운동이 남한 사회 운동의 큰 줄기를 이루고 있다. 이는 학생 운동과 청년 운동에서도 나타나고 노동운동과 같은 민중 운동에서도 부각된다. 엄혹한 유신체제와 5공의 군사독재 아래에서 어떠한 학생,

청년 운동도 자리 잡기 힘들었던 시대에 교회는 중요한 방패막이 역할을 했기 때문이다. 더구나 사회주의운동의 굴레를 뒤집어써 가혹한 탄압을 받을 수밖에 없었던 노동운동은 영등포와 인천의 도시산업선교회를 통해서 기반을 가질 수 있었다. 이는 인천 지역도 예외는 아니었다.

당시에는 학생운동에서도 기독학생 운동의 비중이 컸고 청년 운동도 마찬가지였다. 인천 지역에서도 인천EYC가 1978년 창립되었는데 인천의 사회운동 조직 중에 초장기에 만들어진 것이라 볼 수 있다. 이를 『인천민주화운동사』에는 이렇게 기술하고 있다.

> 유신체제 아래에서 긴급조치가 남발되면서 민주화운동에 대한 탄압이 심해졌을 때, 인천 지역 기독교회의 유신반대운동은 두 줄기 움직임으로 시작되었다. 한국기독교장로회의 이국선 목사와 대한예수교장로회(통합)의 홍성현 목사 그리고 기독교대한감리회의 황규록 목사 등은 인권선교에 중심을 세워 나갔다. 이국선 목사는 동인교회, 홍성현 목사는 인천제일교회, 황규록 목사는 창영교회를 담임하면서 한국기독교교회협의회(NCCK)를 중심으로 진행된 반유신민주화운동을 인천 지역 상황에 맞게 인권선교를 중심으로 전개하였다.
>
> 또 하나의 흐름은 1976년 창립된 한국기독청년협의회(EYCK)다. EYCK의 지역 조직 작업이 시작될 때, 인천제일장로교회의 김성수, 정세국, 김성일 등과 제삼장로교회의 이민우, (석바위장로교회의 김연국, 부평대광교회의 김영철) 등 장로교 통합 측 청년, 인천장로교회의 정세일, 동인장로교회의 이건 등 기장 측 청년, 화도감리교

회의 이병웅, 창영감리교회의 김성복, 김기영 등 감리교 측 청년 그리고 대한성공회 인천 교회의 전계영 등이 모여 1978년 1월 31일 인천창영감리교회에서 인천기독청년협의회(이하 인천EYC)를 창립하여 인천 지역에 기독청년 운동의 새 역사를 시작하였다. 인천기독청년협의회의 창립 당시의 명칭은 경기기독청년협의회이었으며, 초대 회장은 김성수였고 강우경, 김성일, 정세일로 이어졌다. 인천EYC는 유신체제하에서 그리고 1980년 민주화의 봄, 광주 민주항쟁 등을 거치면서 인천 민주화운동의 구심점의 하나로 자리를 잡아갔다.

인천 EYC는 부활절연합예배와 10월 마틴 루터의 종교개혁을 기념하는 종교 개혁제를 중심으로 모임을 가졌으며, 수시로 청년 신앙강좌를 개최하는 등 기독청년의 신앙과 역사의식, 민주화운동을 결합시키는 의식화 교육사업을 진행하였다. 1985년 10월 1일에는 인천기독청년협의회 주민선교위원회에서 만석동 지역 재개발 실태 보고서를 발간하였으며, 10월 21일에는 기독교문화선교주간을 맞이하여 부평 목원교회에서 허병섭 목사를 초청하여 기독 문화와 민중 문화를 주제로 강연회도 개최하였다. 1985년 11월 8일에는 인천 EYC가 주동이 되어 만석동 재개발정책에 대한 주민공청회를 동인교회에서 개최하려다 경찰의 봉쇄로 일꾼교회로 이동해 진행하였다.
_ 『인천민주화운동사』(인천민주화운동사편찬위원회, 2019, 선인), 470.

2) 예수교장로회(예장)청년회 전국대회 참석과 기독학생, 청년 운동 참여

내가 기독학생, 청년 운동에 참여하게 된 것은 1977년 2월 대구제일교회에서 열린 예장청년연합회 전국대회의 참여가 결정적인 계기가 되었다. 그때 대구에는 전국에서 온 청년들이 모여 있었다. 그런데 부르는 노래가 우리가 교회에서 불렀던 복음성가와는 전혀 딴판이었다. 〈와서 모여 함께 하나가 되자〉 〈우리 승리하리라〉와 같은 노래였다. 강사들도 한완상 교수, 김동길 교수(당시에 이분들은 유신정권에 의해 해직되어 어려움을 당하고 있었다) 같은 분들이었는데 기독 청년의 사명에 대해 새로운 제시를 했다. 물론 당시에는 다 이해하진 못하고 다녀왔지만 이후에 기독교의 정체성과 사회적 참여에 대한 시각을 송두리째 바꾸게 된 계기가 되었다. 말하자면 기독교의 제2세례, 즉 '사회적 세례'를 받게 된 것이고 이는 전혀 새로운 기독교 세계로 나를 인도하는 등용문 같은 역할을 했다. 장청 대구 대회 후에는 공부 모임에 참여하게 되었다. 이른바 '의식화' 공부를 하게 된 것이다. 커리큘럼은 민중신학과 해방신학, 철학사와 경제사에 같은 것으로 주로 책을 읽고 토론했다. 이영희 교수의 『전환시대의 논리』, 『8억인과의 대화』 같은 책도 이때 접하게 되었다. 이 두 책에서 중국혁명과 베트남 전쟁에 관한 이영희 교수의 글은 냉전 의식에 사로잡혀 있던 나를 새로운 사회과학적 인식을 하도록 만들었다. 이른바 '냉전적 사고'에서 벗어나 사회 변혁적 사고를 하게 된 것이다. 이때 특히 중국혁명에 대한 관심을 많이 갖게 되었는데 이후에도 평생 동안 중국에 대한 관심은 이때가 시작이 되었다. 어줍지 않은 내용이긴 했지만 대학 졸업논문도 '모택동 사상'으로 쓰게 된 계기가 되었다.

이때 나에게 영향을 준 잡지가 있었는데 바로 계간지 「창작과 비평」이었다. 백낙청 선생이 1966년 창간한 창비는 1976년에 10년이 되어 영인본을 만들어 판매했다. 학교 잔디밭에서 우연히 외판원이 졸업 논문을 쓸 때 도움 된다는 얘기에 월부로 사게 되었다. 그런 전집은 사놓고 잘 보지는 않게 되는데 방학 때 돈이 아깝다는 생각에 들쳐 보게 되었다. 당시에 나는 창비의 여러 소설들에서 많은 감동과 충격을 받았다. 밑바닥 민중의 삶이나 감옥 이야기들이 그저 평범한 일상만 살아온 내게는 새로운 경험으로 다가왔기 때문이다. 이런 영향 때문인지 내가 후배들에게 공부를 시키게 되었을 때 커리큘럼에 사회과학 서적과 함께 소설을 읽도록 권유했다.

사실 이렇게 의식화 공부는 했지만 당시에는 긴급조치 9호 시대여서 학교나 지역에서의 시위는 꿈도 꾸지 못할 시대였다. 학교에서도 잔디밭이나 그늘진 곳곳에 우리가 짭새라고 부르는 형사들이 진을 치고 있었다. 학교에서 기껏 시위하면 굴뚝에 올라가서 약 5분간 외치고 유인물을 뿌리고 잡혀가는 식이였다. 그래서 주로 교회 청년들을 만나 청년회의 새로운 변화를 권유하거나 우리 모임이 참여하도록 요청하는 것이 주된 활동이었다.

3) 무기정학과 입대 그리고 복학

이런 중에 전혀 뜻밖의 일로 새로운 소용돌이로 빨려든다. 대학 3학년 때인 1978년 5월에 덜컥 동대문서 정보과 형사들에 의해 성대 유신반대 유인물 사건의 용의자로 집에서 강제 연행된 것이다. 그런데 마침 집에 당시에 김병곤 민청연부의장(유신 반대 시위로 사형선고를 받고 재판정에서 "영광입니다"라고 외친 민주투사, 암으로 사망)이 발표한 동일방직 노동조합 탄압을 한 똥물사건에 대한 성명서를 500여 장이나 교회 가리방으로 인쇄해 논 유인물도 있었다. 당연히 압수되었다. 아버지는 교회 장로로 6.25전쟁에 참전하여 부상 당한 국가유공자이고, 어머니는 부평6동 새마을지도자와 새마을금고 이사장인 집에서 형사가 들이닥치고 끌려가니 난리가 난 것이다. 동대문경찰서(현재 혜화경찰서) 정보과는 당시 재야운동의 중심이었던 KNCC와 성대, 서울의대의 관할 지어서 정보과 형사가 50여 명이 넘었다. 나는 정보과 형사들의 숙직실 같은 방에서 지냈다. 처음 연행이어서 떨렸지만 유인물 사건은 내가 한 것이 아니니 괜찮을 거라고 생각했고, 동일방직 유인물도 만들어 놓기만 했지 배포한 것도 아니어서 별일이야 있겠나 싶었다. 내 일과는 매일 조서를 쓰는 것이었다. 그들이 생각하는 유인물 사건의 시기에 나의 행적에 대해 특히 만난 사람들을 중심으로 기술했다. 그러면 내 담당 형사팀이 그 내용을 가지고 사람들을 만나러 갔다. 나는 가급적이면 운동과 관련된 사람의 이름을 빼고 별 상관없을 것 같은 사람들을 적시했다. 예를 들어 숙대 음대를 다니던 2년 후배 이부현 같은 경우인데(그때 음대생은 운동하지 않는다는 편견을 갖고 있기도 했다) 형사가 학교에 찾아와 학교 방송으로 "이부현 학생 학생과로 오세요"라는 방송을 듣고 형사를 만났다는 얘기를 나중에 들었다. 그런데 나중에 이부현도 음악 선생이 되어 전교조 활동을 하다 5년 동안 해직되었다. 아무리 빼려고 해도 십여 일 이상의 행적을 자세히 적다 보니 어쩔 수 없이 공부 모임은 얘기했던 것 같다. 이렇게 15일 정도 조사하더니 혐의점이 없다고 생각했는지 유인물 사건 조사는 끝났다. 그리고 이어서 동일방직 성명서 유인물에 관한 조사가 시작되었다. 사실 그 성명서의 내용이 꽤 길어서 내가 가리방으로 긁기에는 부담스러워 마침 군대 행정병으로 가려고 타자학원에 다니던 같은 과 친구인 윤수원에게 타자를 쳐달라고 부탁했다. 15일이 지난 다음 수원이도 경찰서에 끌려와 나와 같이 정보과 숙직실에 같이 있으면서 조사를 받게 되었다. 나중에 알게 되었지만 수원이도 타자를 배우는 중이어서 학원에 다니던 여상 다니는 여학생이 쳐주었는데, 그 여학생도 조사받았다고 한다. 지금 생각해도 친구나 이름도 모르는 그 여상 학생에게 미안한 마음이 든다. 아무튼 동일 방직 유인물도 한 장이라도 배포했다면 당연히 구속되었겠지만 동대문서 정보과는 내 사건을 마무리 지으려고 하는 것 같았다. 하지만 그 결정은 경찰도 못하고 당시에 남산이라고 불렸던 중앙정보부(중정)가 하는 것이었다. 007 가방을 든 두 중정 직원의 최종 면담 조사가 끝나자, 그다음 날 석방이 결정되었다. 이런 소용돌이 속에 내 대학 생활과 기독 청년 활동은 맥없이 중단되었다. 학교에서는 학점은 주는 대신 무기정학으로 처리하여 1979년 1월에 군대에 입대하게 되었다. 미안한 것은 수원이도 학사 처리가 되어 군대를 가게 된 것이다. 나중에 제대해서 만났더니 수원이는 전라도 남쪽 섬에서 전경 생활을 했고, 나는 북쪽 최전방에서 소총수로 근무했다.

1981년 7월에 제대하고 복학하였다. 1981년 졸업정원제 실시로 학생 수가 두 배가 늘었다. 그러다 보니 안 그래도 좁은 명륜동 캠퍼스가 더욱 좁게 느껴졌다. 인천EYC 선후배들도 다시 만났는데 내부에 기독교 IT 논쟁(identity 논쟁으로 기독교 운동에 방점을 두느냐 일반운동에 복무하는 데 방점을 두느냐를 두고 벌인 기독교 운동가들의 정체성 논쟁)이 한참 진행 중이었다. 우리 인천EYC 초대 회장이자 리더였던 김성수 선배는 IT 그룹에 속해 있었고 많은 IT 그룹들은 YMCA을 중요한 활동 기반으로 여겼다. 오늘날 관점에서야 시민운동 차원에서 충분히 수긍할 수 있는 내용이지만 당시엔 나도 쉽게 납득할 수 없어 거리를 두게 되었다. 부평에 있던 교회 후배들이나 장청 후배들과 만나 조언을 주는 활동에 치중했다. 대광교회 1년 후배 조유형이나 연세대 신과대학에 진학한 동생 김영호가 부평 지역 교회 후배들과 내가 했던 비슷한 모임을 만들어서 하고 있었다. 부평EYC와 같은 모임이 만들어진 것이다.

4) 1987년 인천EYC 회장으로 활동

1987년 민주화 대투쟁 시기에 인천EYC 회장을 맡게 된 것이다. 사실 그때는 내 3년 후배가 전임 회장이었는데 전국EYC 임원으로 가게 되면서 나에게 회장직을 맡아달라고 부탁했다. 난 이미 전도사로 활동하는 목회자인데 어떻게 청년 운동을 하겠냐고 말했지만 결국 목회한다는 마음으로 회장직을 수행하게 되었다. 주지하다시피 1987년은 직선제 개헌과 호헌 철폐의 구호 아래 민주화 대항쟁이 진행된 해이다. 내가 회장이 되면서 맨 먼저 한 일은 사무실을 옮기는 일이었다. 당시 인천EYC 사무실은 화수동 인천산선 지하실에 있었다. 그런데 내가 보기엔 산선은 노동운동을 하는 센터이지 일반 교회 청년들이 편하게 드나들 수 있는 곳이 아니었다. 그리고 위치도 너무 인천의 중간지역이 아니라 한쪽 편에 치우쳐 있었다. 그래서 장소를 물색하던 중 비교적 중심지라 할 수 있는 간석동의 목욕탕 2층을 빌렸다. 그런데 들어갈 전세금 300만 원이 문제였는데 현직 초등교사로 근무하던 황중숙 부회장이 모아두었던 시집갈 자금을 기증해 주었다. 지금도 경조사에서 만나면 79학번 황중숙 동기들이 나보고 중숙이 돈을 갚으라고 농담 아닌 농담을 한다. 당시에 300만 원이 적은 돈이 아니었는데 참으로 고마운 일이다. 재작년에 정년으로 교직을 퇴직한 황중숙 선생과는 지금도 부평마을대학 협동조합을 만들어 같이 활동하고 있다. 그때 꽤 많은 교회 청년들이 그 사무실에 드나들었는데 그중에 지금도 지역에서 활발히 활동하는 분들이 많다.

1988년~1999년 민중교회 운동에의 참여

1988년 2월 장로회신학대학원 졸업 후 민중교회 운동에 참여하게 되었다. 1988년 노동 목회 훈련부터 시작해서 1999년 미국으로 떠나기까지 약 10년 이상 고백교회를 개척하고 지역 연대운동에 참여했던 것이다. 민중교회 운동에 대한 소개를 위해 인천에서 함께 목회했던 이준모 목사가 쓴 "인천민중교회의 역사와 과제"(「시대와 민중신학」 2호, 1996)를 부분 발췌해서 소개한다.

1) **민중교회의 태동과 그 배경**
민중교회의 시작은 정확하게 어느 한 시기로 표현할 수는 없지만, 1970년대 후반부터 1980년대 초라 할 수 있다. 1980년대에 들어서면서 1980년 광주민중운동을 시발로 1970년대의 운동 이념, 조직, 실천 양태를 조금씩 극복해 가면서 민중운동 전반에 걸쳐 질적인 발전을 이루어 갔다. 외세의 비호 아래 들어선 전두환 정권의 폭력적 탄압에도 불구하고 학원에서의 청년 학생들의 민주화운동과 노동 현장에서의 민중들의 변혁에 대한 열망은 군사정권의 균열을 가속화시켜 갔다. 1984년 학원 자율화 조치에 이은 1985년 구로 동맹파업은 지역 민중운동의 가능성을 열었고, 여기서 더 나아가 변혁의 힘찬 대오가 만들어지기 시작하였다. 한편으로 한국 사회 전반에 걸친 민중운동 세력의 진출이 본격화되면서, 1970년대 사회 인권운동의 주도 세력으로 있던 기독 운동은 운동의 지형 변화에 따른 변화의 요구와 기독 운동의 과학적 정립의 필요성에 직면하였다. 외적으로 부문 운동으로서 요구되는 종교 운동의 위상과 내적으로 변화된 운동 지형 내에서 자기 정체성의 확립 문제는 1980년대 초반의 기독 운동의 쟁점이 되었다. 이러한 시기에 기독교 내의 명망가 중심으로 펼쳐졌던 과거의 기독 운동에서 벗어나, 젊은 목회자를 중심으로 한국 사회 변혁운동과 교회갱신 운동의 커다란 궤를 축으로 하여 빈민 지역, 공단 지역에서 기층 민중들과 연대하는 교회 운동이 일어났다. 이것이 바로 한국 민중교회 운동의 기원이 되었다. 민중교회를 일궈 가던 젊은 목회자들은 대부분 학생 시절 학생운동의 경험을 통해 잘 훈련된 민중운동의 토양이 되었는데, 이를 보면 1980년대 중반은 민중운동의 토양이 학생운동을 통하여 훈련된 인적 자원이 현장으로 투여되던 시기임을 알 수 있다. 뿐만 아니라 많은 청년 학생들이 학원을 졸업하거나 중도에 그만두고 노동 현장으로 대이동을 하게 되었고, 빈민 지역, 공단 지역은 변혁의 물결이 넘쳐흐르게 되었다.

지역마다 차이는 있겠지만, 빈민 지역이나 공단 지역에는 지역의

민족 민주적 변혁 세력들이 반합법 국면이라는 특수한 외적 조건으로 인하여 빚어진 어려움을 교회나 산업선교회와 같은 합법적 공간을 통하여 해결하려 하였다. 민중교회를 세우려는 목회자 또한 한국 사회 변혁운동의 일반 임무와 교회 선교 차원의 사명을 감당하기 위해 민중들과 연대하는 것이 필요불가결한 것이었다.

2) 예장 노동목회자훈련 참여

서울올림픽이 열린 1988년에 '예장 노동목회자훈련'에 참가했다. 노동목회자훈련은 9개월의 노동 현장(공장) 취업과 3개월의 민중교회 목회 훈련으로 이루어졌다. 노동목회자 훈련 5기는 6명의 목회자 훈련생이 있었다. 훈련의 시작은 공장 취업인데 말하자면 위장취업이기에 주민등록초본 요구하는 데는 들어가기 어려웠다. 학력은 중학교 졸업으로 하고 나이가 있으니 일반 학출로 볼 것 같지는 않아서 시장에서 장사하다 망했다는 식으로 스토리를 만들었다. 부천의 춘의동에 있는 기타 만드는 공장에 들어가 3개월 다니고, 그 뒤 6개월은 청천동 나비공원 입구에 있는 한진다이케스팅에 다녔다. 한진다이케스팅은 삼성전자에 냉장고 부품을 만드는 곳인데 주물반과 가공반이 있었고 나는 가공반으로 들어갔다. 가공반은 주간에 일하고 주물반은 주야간 2교대 작업이었다. 회사에서는 일단 일하는 데 집중하는 것이 노동 목회 훈련의 주요 목적이고, 모임이나 노동조합을 만드는 것은 현장 상황을 보아 같이 논의하여 참여하는 것으로 되어 있었다. 왜냐하면 장기적으로 현장에서 일하는 것이 목표는 아니었기 때문이다. 우리 회사도 형편을 보니 특별한 모임이나 노동조합을 만들 상황은 아니었지만 잔업하는 문제로 항상 갈등이 많았다. 회사는 가능하면 잔업하기를 원하고 반장이 이를 독려하는데 반원들 중에는 여러 가지 이유로 안 하려고 하는 분위기에서 우리 반에서는 내가 나이가 많아서 반장에게 그들의 입장을 앞장서 대변해 주곤 했다. 이렇게 훈련생들은 회사를 다니다 매주 금요일 퇴근 후 영등포산업선교회에서 훈련 모임을 가졌다. 훈련 모임에서는 기본적인 생활 나눔을 하면서 이런 상황들도 나누고 어떻게 하는 것이 좋은지 훈련위원장 지도 아래에 토론하면서 결정했다. 6명이 되다 보니 다양한 공장에서 근무하고 상황도 달라서 금요일 훈련 모임이 끝나면 늦은 시간이 되는 경우가 많았고, 여기에 뒷풀이를 하다 영산 근처에서 여관에 같이 자기도 하고, 때로는 영등포역 앞에서 총알택시를 타고 집으로 돌아오기도 했다.

현장 활동을 통해서 절실하게 느낀 것은 현장 노동자들의 열악한 노동환경과 임금이었다. 서울올림픽이 열리고 한국의 위상이 한 단계 올라갔다고 하지만 현장 노동자들에게는 별 상관없는 일인 듯 보였다. 하지만 그러한 열악한 환경 속에서도 노동자들의 꿈틀거림은 충분히 감지되었다. 우리 회사에서도 여름 휴가비 문제로 조업 거부를 하고 몇 시간 농성했던 사건이 있었다. 회사에서는 전혀 겪어보지 않은 일이라 꽤 당황하면서 전무가 나서서 상황을 정리하려고 노력했다. 작은 회사이지만 노동운동하는 활동가들이 1~2명 보였는데 그들의 작업이라기보다는 자연발생적으로 불만이 토로 되었던 것 같았다. 또 하나 기억나는 일은 법정에서 증언자로 섰던 일이다. 회사 퇴직 후 같이 일했던 영섭이란 친구에게서 전화가 왔다. 본인이 일하다 허리를 다쳐 송내에 있던 근로복지공단 산재병원에서 치료받고 있는데 회사에서는 산재로 인정하지 않아서 재판에 들어갔는데 같이 다녔던 회사원 중에는 아무도 증언자로 하려는 사람이 없다는 것이었다. 어렵지만 내게 법정에서의 증언을 요청했다. 사실 내가 회사를 퇴직한 이후 일이기도 하고 정확히 회사 일하다 다쳤는지는 알 수가 없었지만 그래도 약자를 돕는다는 마음으로 증언대에 섰던 기억이 있다.

민중 목회 훈련은 안양에 있는 한무리교회에서 했다. 한무리교회는 훈련위원장이었던 박진석 선배가 개척한 교회였지만 민교사무처장과 훈련위원장 일을 하게 되면서 신대원 동기이면서 나보다 1년 먼저 훈련을 받았던 최주상 목사가 목회하고 있었다. 최주상 목사는 전북 삼례 출신으로 장신대 학부에서 공부했던 동기로서 민중 목회에 헌신하다 10년 전에 암으로 세상을 떠났다. 그때는 최 목사도 목회 초년생 시절이었는데 안양 지역에서 목회는 물론 다양한 민중 선교 프로그램인 탁아소(어린이집), 공부방(지역아동센터), 노동상담소를 운영하고 있었다. 목회와 선교프로그램들에 참석도 하고 실무자들과 대화도 하며 노동 목회 훈련 과정을 마치고 이제 어느 지역에서 민중교회를 시작하는가를 함께 결정했다. 공단이 있는 지역 중에서 우리 교단 민교가 없는 곳을 중심해서 지역이 선정되었는데, 각기 김영철(인천), 박충호(울산), 오필승(시흥), 유승기(군산), 이동규(구미), 황남덕(신탄진)로 정해졌다. 대부분 대규모 공단이 있는 지역을 중심으로 했지만 나의 경우에는 지역에 민교가 15개가 있지만 대부분 진보적인 기독교장로회 소속이나 감리교가 대부분이고 우리 교단 민교가 없는 곳이어서 정해졌다. 내 경우는 69년부터 인천에 살았기에 분명한 지역 연고는 있지만 다른 동기들의 경우 지역 연고가 별로 없이 정해졌다. 예를 들어 이동규 목사는 경북 안동 출신이어서 구미로, 유승기 목사는 아내가 전라도 출신이어서 군산으로, 황남덕 목사는 철도고 출신이니 철도 노동자 조직하라고 대전 지역(신탄진)으로 목회지가 정해진 것이다. 함께 훈련 받은 동기들이 이렇게 전국에 산재해 있다 보니 자연스럽게 교회 행사나 모임 등으로 여러 번 방문도 하고 모임도 했다. 가족들까지 함께 모여 모임 하는 경우도 있었다.

예장노동목회자 훈련 시절(1989년 4월)

위 사진은 민중 목회 훈련을 받던 시절 대전 유성에서 동역자들과 찍은 것이다. 내겐 없었는데 아내가 작년에 소천한 뒤 동기인 이동규 목사가 아내 얼굴에 동그라미를 쳐 옛 추억을 회상하며 보내준 사진이다. 1989년 4월이라고 밑에 쓰여 있지만 88년 4월의 착각으로 보인다. 우리 아들 김산이 89년 4월 19일 태어났으니, 아내가 저 자리에 있기는 어려웠을 것이기 때문이다.

3) 인천 고백교회의 개척

인천 지역에는 이미 민중교회가 여러 곳 있었다. 여기에 인천산업선교회까지 있어 민중 선교와 민중교회 운동이 활발한 곳이다. 여기에 우리 교단 차원에서는 내가 처음으로 교회를 개척했다. 민중교회는 공단 지역에 세우는 노동 교회와 판자촌을 비롯한 빈민 지역에 세워지는 빈민 교회로 크게 구분된다. 하지만 대부분의 민중교회가 주민 선교 프로그램을 진행하기에 민중교회의 목회와 선교는 양자를 결합한다고 보는 것이 맞다. 대부분 민교는 탁아소나 공부방을 지역선교프로그램으로, 노동상담소나 노동강좌 등의 노동 선교 프로그램을 겸해서 진행했다. 그러다 보니 민중교회는 당시에 산동네라 불리었던 송림동, 송현동 지역(송림사랑방교회, 송현샘교회, 송현산마루교회, 새벽교회)이나 부평, 주안공단(백마교회, 인천노동교회, 해인교회, 나섬교회, 예림교회, 주안중앙교회)에 집중되어 있었다(다음 도표 참조).

부평 출신이긴 하지만 부평에는 민교가 많다고 생각되어 그나마 민교가 별로 없던 서인천의 목재 공단에 교회를 개척하기로 결정했다. 영창악기가 가까이 있는 석남동 거북시장의 빌딩 3층에 교회를 개척했다. 당시에 교회 건물을 얻기가 쉽지 않았는데 건물주가 교회 근처에서 약국을 운영하는 약사이자 가톨릭 교인이었는데 교회 얘기를 하자 건물 대여를 꺼려서 탁아소와 공부방 운영한다고 살짝 속여서 겨우 계약했던 기억이 난다.

영창악기가 가까이 있다 보니 교회에서 맨 처음 시작한 선교 프로그램이 '일꾼기타방'이었다. 일종의 노동자 문화 프로그램이었는데 대학생 시절 통기타 치던 어설픈 실력으로 내가 기타 가르치는 강사를

고백교회 일꾼기타방 발표회

했다. 코드를 가르치고 운동가요와 가요를 부르는 형태로 진행했다. 일꾼기타방을 하면서 재미난 일화는 어렵게 벽보를 붙여서 시작할 때 그래도 10여 명 가까운 주로 영창악기의 여성 노동자들이 모였다. 그런데 처음 시작하는 날 머리를 짧게 깎은 체격 좋은 남자 노동자 한 명이 와있었다. 처음 시작하는데 벌써 경찰이 정보원을 이런 데 보내는가 하고 걱정했는데, 나중에 알고 보니 제대하고 벽보를 보고 관심이 있어 찾아온 평범한 노동자였고, 나중에 영창악기 노동조합 위원장이 된 이상우 위원장이었다. 아무튼 이 일꾼기타방은 그 후로 몇 기 더 진행하며 초기 교인들이 형성된 토대가 되기도 했다. 기본적인 예배와 성경공부 등의 프로그램과 함께 인천노회 차원의 기독교노동상담소 그리고 나중에는 경인여상 앞으로 옮겨 탁아소와 공부방을 운영하기도 했다.

4) 인천 민중교회 연합 활동과 지역 연대 활동

교회 목회와 함께 인천민중교회운동연합(인천민교-지역민교) 예장 민중교회운동연합(예장민교-교단민교) 한국민중교회운동연합(한민연-에큐메니칼조직) 등의 민중교회 연대 활동과 지역 연대 활동에도 활발히 참여했다. 고백교회가 세워질 당시에는 인천에 두 개의 지역 민교 조직(동인천민교와 북인천민교)이 있었는데 여기에는 민교 운동의 대선배(송림사랑방교회 박종렬 목사와 송현산마루교회 김정택 목사)들과 기장과 감리교의 활동적인 목회자들이 많았다. 그중에 새벽교회 윤인중 목사와는 가장 가깝게 지내며 일을 많이 했는데 인천민중교회운동연합(인천민교)으로 통합하여 내가 초대 회장이 되고 새벽교회 윤인중 목사가 총무로 활동하기도 했다. 인천민교는 민중교회 목회자들의 정례적인 모임과 평신도 훈련모임 그리고 연합체육대회와 연합부흥회, 성탄절 이웃돕기 연합예배, 한민연 복음성가제 참여 등의 활발한 교회 간 연대 활동이 이루어졌다. 지역선교와 연대 활동에도 활발히 참여했다. 당시에 인천민교 활동에 대해 회의록은 이렇게 기록하고 있다.

1991년 10월 13일 통합 인천민중교회연합이 발족되어 동인천지구, 북인천지구를 통합하여 김영철 목사가 회장을, 새벽교회 윤인중 목사가 총무를 맡았다. 인천민중교회연합은 5월 23일부터 6월 12일까지 기독 여성 일꾼 교육을, 5월 28일부터 6월 18일까지는 청년 일꾼 교육을 진행하였고, 10월 10일부터 10월 23일까지 여신도 교육도 진행하였다. 1994년 12월 12일 인천민중교회연합의 목회자와 성도 45명이 동인천역 인근 지역에서 재능 교육 카드 모금을

〈도표 1〉 인천민중교회연합 소속 교회와 교회 소식

창립순	교회명	교단	목회자	창립일	교회 소식
1	백마	기감	신철호	1976. 7	다락방 전도를 통한 복음 운동 주력
2	지구촌	성결	홍삼열	1982. 1	컴퓨터 통신 선교 및 다락방 운동 전개
3	새봄	기장	이원희	1982.12	산업재해에 관련 활동(인천민교 산재위원장)
4	소성	기장	김상목	1984.12	주민 자치 운동('열우물' 대표)
5	송림 사랑방	기장	이상선	1985.12	재활 센타, 의료선교, 컴퓨터 교실 운영 * 박종렬 목사 KSCF 총무 피션
6	해인	기장	이준모	1986. 6	할머니 한글교실, 주부 컴퓨터/영어 교실, 교육센타 설립 준비
7	예본	예장	정한식	1986. 9	무의탁노인 선교, 인천연합 민생위원장
8	새벽	기장	윤인중	1988. 5	장기수 돕기 운동, 노동선교문화원 운영위원장 활동, 신협 준비
9	송현샘	기장	조인영	1988. 7	생활보호대상자 돌보기 운동(120명), 1997년 철거, 종교부지 신청, 인천민교 회장
10	고백	예장	김영철	1989. 4	노동상담소 운영, 한민연 총무
11	베다니	예장	안정찬	1990. 6	탁아선교원, 어머니 교실, 제자훈련반과 사역반 운영
12	나섬	기장	백영민	1991. 5	공부방, 신협 준비
13	아름다운	기장	박경서	1992. 1	어머니 교실, 인하대 기독학생회 지도, 인천 민교 총무
14	새누리	기장	김진수	1993. 4	공부방 운영, 책나눔 도서 운동(대표), 교회 건축 준비(대지 구입)
15	희년	기장	유재성	1995. 4.	공부방, 지역 주민 모임 준비 중

시작하였다. 12월 15일, 18일, 22일에는 동인천역 외에 부평역 등 지로까지 모금을 확산하여 삼익악기 노동자와 부산 한진중공업에서 근무하다 사망한 노동자의 가족에게 지원금을 전달하였다.

1994년 이후 통합 인천민중교회연합이 주축이 된 모금 운동은 15개 교회가 연대한 활동으로 이어졌다.

지역연대 활동에 있어서 노동문제와 관련한 대책위원회에서 활발히 활동했는데 특별히 기억나는 것은 해고자 복직 문제에 관여했던 일이다. 1992년 김영삼 문민정부가 들어서고 당시에는 개혁적 정치인으로 등용되었던 이인제 노동부 장관이 군사독재 시절 해고되었던 노동자들을 다 복직시키라는 정책을 내놓았다. 인천해고노동자협의회(인천해협)를 비롯한 노동단체와 해고 노동자들의 저마다 해고자 복직을 외치며 텐트 농성을 시작했다. 이에 해고 노동자 복직을 위한 '인천지역시민대책위원회'가 꾸려졌는데 여기에서 집행위원장으로 활동하며 경동산업, 영창악기, 대한마이크로 등의 해고 노동자들의 복직을 위한 중재 활동을 진행했다. 장관의 정책이다 보니 평소에는 항상 이런 문제에 비협조적이었던 인천노동청이 시민대책위 활동을 적극적으로 도와주었다. 노동청장이나 노사협력국장이 처음에는 냉소적인 태도를 보였다가 나중에는 회사를 설득할 때에 많은 역할을 해주었다. 회사도 설득이 어렵지만 더 어렵기는 해고 노동자들이었다. 전원 복직이나 회사가 받아들이기 어려운 주장도 많았기 때문이다. 가장 어려웠던 경우가 경동산업이었다. 경동산업은 키친아트라는 주방용 물품을 만드는 회사로 노동강도가 세고 산재사고가 많기로 유명했다. 수년 전에 일어난 노동쟁의 사건에서는 노동자 3명과 경찰 1명이 죽는 일이 생겨 당시의 노동조합위원장과 사무국장이 실형을 살기도 했다. 그런데 그 노동조합위원장과 사무국장도 복직의 대상자이니 회사가 어려워하는 상황이었다. 이런 해고자들을 회사에서 쉽게 복직시킬 리가 없는 데다 다른 해고자들을 포함하여 전원 복직을 주장하니 해결이 쉽지 않았다. 해고 노동자들을 설득하는 일은 당시 인천해협의 사무장이었던 이형진 동지(현재 민주노총 일반노조 위원장)가 수고를 많이 했다. 아무튼 이런 과정을 통해 부분 복직이 이루어지고 경동산업의 경우에 이후에 해고 노동자들이 회사를 직접 경영하는 일까지 이루어졌다는 반가운 소식도 들었다. 경동산업 외에도 10여 개 회사의 복직 협상이 이루어졌는데 회사나 노동청에서도 시민대책위의 중재 활동 위상을 인정하는 성과도 나타났다. 이러한 성과의 결과로 94년 근로자의 날에 인천지방노동청의 추천으로 산업 평화에 기여한 공로로 국무총리상을 받게 되었다. 사회운동 하다 경찰서 구류나 감옥에 갔다 오긴 했지만 이렇게 상을 받기는 처음이었다.

다음 사진은 내가 1994년 노동절에 산업 평화에 기여한 공로로 국무총리상을 받은 인천예술회관 앞에서 부모님과 찍은 사진이다. 대학 이후로 부모님의 기대와 생각과는 다른 방향으로 살아왔고 어쩌면 두 분의 속을 많이 썩게 했다. 6.25 참전용사로 평생 장로로 봉직한 아버님이나 부평6동 새마을지도자와 새마을금고 이사장으로 오랫동안 지역 활동을 해 오신 어머님과 세대적 갈등과 이념적 갈등(?)이 심했다. 집안에서 처음으로 대학 진학 후에 음주를 하고 들어 온 것이나 1978년 동대문경찰서(지금의 혜화경찰서)에서 1달간 구금되어 있다가 결국 학교에서 무기정학을 맞고 군대에 가게 되었던 것에서 시작된 어쩔 수 없는 갈등은 보이지 않게 평생 진행되었다. 목사가 된 뒤에도 원하는 목회 방향과는 전혀 다른 민중교회 목회를 하게 되었다. 물론

노동절에 국무총리상을 받고(부모님과 함께)

이러한 갈등과 관계없이 평생 동안 나를 응원해 주고 지원해 주셨지만 그래도 이 상을 받은 것이 부모님들에게 위로가 되고 작은 효도라도 했다는 생각이 드는 사진이다.

이 상을 받은 뒤 94년 7월에는 진흥정밀화학 폭발 사고가 일어났다. 7월 26일 오후에 수출5공단 농약 제조회사인 진흥정밀화학(대표 조택호)에서 변압기가 폭발해 노동자 6명이 숨지고 8명이 중상을 입었다. 시민대책위원회 차원에서 이 회사를 방문했을 때 농약 회사라서 그런지 심한 화학약품 냄새로 숨을 쉬기가 어려웠다. 이런 곳에서 노동자들이 어떻게 일하는가 걱정이 될 정도였다. 사건 후 문제는 사망자와 부상자 보상 문제가 대두되었다. 6명의 사망자 상황이 다양해서 사망자 보상 액수와 보상금 대상자가 문제가 되었다. 당시 산재 보상금과 회사보상금 합하여 대략 1억 5천에서 2억 가까운 큰돈이 되다 보니 더욱 문제가 복잡해졌다. 보상 중재에서도 중재위원장 자격으로 협상을 주재했다. 보상금 수혜자 정하는 문제가 그리 만만치 않았다. 그만큼 상황들이 다양했다. 아무튼 어려운 협상을 마치고 당시의 인천노동자협의회(인노협)는 지역 노동자 장례식을 치를 1,000만 원의 추모비용도 회사 협조로 마련할 수 있었다.

1997년은 한국을 비롯한 태국, 말레이시아, 인도네시아에서 국제적인 금융위기를 맞은 아시아 금융위기가 일어났다. 한국 경제위기는 급기야 국제통화기금(International Monetary Fund, IMF) 관리 체제를 초래했고, 이런 과정에서 회사들이 줄도산하고 수많은 실직자들이 생겨나고, 인천에서도 생활보호대상자가 두 배로 증가하는 상태가 일어났다. 우리 교회에서는 저소득층 맞벌이 부부를 위한 '어깨동무공부방'을 시작하고 실업 대책 프로그램을 노동상담소를 통해 전개했다. 지역연대 차원에서는 '인천지역실업극복운동본부'를 만드는 일에 양재덕 의장님과 함께 참여하여 고백교회에 '서인천지역실업극복운동본부'를 유치했다. 지금은 서구지역자활센터가 되었는데 실직가정돕기, 실업자종업지원센터, 결식아동지원사업 등을 진행했다. 실직여성 겨울나기, 자녀교육지도, 무료진료사업, 자활공동체 지원 등의 사업도 시작했다.

이때쯤에 나는 세계교회협의회(World Council of Churches, WCC)의 1년 해외연수 장학생으로 선발되었다. 한국기독교교회협의회(NCC)의 세계적 조직인 WCC에서는 사회선교에 10년 이상 일한 사람들을 대상으로 해외 1년 연수를 가는 장학생을 NCC의 추천을 받아

선정했다. IMF 사태로 교회나 지역에서 할 일이 많은 때에 외국에 1년 나가게 되어 한편으로 미안한 마음도 들었다. 한데 1년의 해외연수가 10년의 외국 유학이 될지는 그때는 나도 전혀 예상하지 못했다.

2008년~2018년 생명평화 기독교 운동과 작은교회 운동

1) 귀국과 새민족교회 부임

박사학위 논문이 거의 완성되는 시점인 2008년 2월에 한국을 방문하게 되었다. 한국을 떠나온 지 거의 10년이 되었으니 아무래도 최근의 교회나 사회적 상황도 알아보고 내가 할 수 있는 일들도 찾아보아야 했다. 그래서 가장 얘기하기 적당한 분으로 신대원과 민중교회 선배인 이근복 목사님을 만났다. 이근복 목사는 장신대 선배로 영등포산업선교회 총무도 지냈고 노동 목회 훈련을 1기에 받은 분이기도 했다. 대화 끝머리에 이 목사님은 나에게 제안을 하나 했다. 본인이 현재 목회하는 새민족교회를 17년간 목회하고 올해 사임하면서 NCC선교훈련원장으로 가게 되었는데 내게 새민족교회 후임자로 올 의향이 없냐는 것이었다. 나는 갑작스런 제안이어서 금방 대답하기도 어려웠지만 공부도 마치고 했으니 새로운 일을 하고 싶은 생각도 들어 대답을 미루고 캐나다로 돌아왔다. 며칠 후에 다시 이메일로 현재 새민족교회 후임자를 공식적으로 뽑으니 지원할 것을 권유하며 자세한 내용을 보내왔다. 아내와 상의했는데 아내는 그리 긍정적이지 않았다. 더구나 산이가 당시에 고3이고 2008년은 리만 브라더스 사태로 상징되듯 미국의 월가가 무너지는 세계 경제위기가 도래했다. 북미의 집값이 반토막이 나고 거래도 잘 이루어지지 않았다. 상황이 녹록하지 않았지만 한국에 돌아가기로 결심하고 아내의 허락을 얻어 새민족교회에 지원서를 보냈다. 2008년 8월에 한국을 떠난 지 10년 만에 새민족교회에 부임하기 위해 나 혼자 귀국했다. 아내는 산이 대학을 보내고 집도 정리한 뒤 몇 개월 뒤에 합류하기로 정했다. 그런데 이후 여러 가지 사정으로 결국 아내는 산이와 캐나다에서 생활하게 되어 기러기 가족으로 살게 될 줄은 그때는 꿈에도 몰랐다.

아무튼 새민족교회는 작은 교회이지만 진보적인 교회로서 독특한 자기 역할을 하고 있다. 캐나다에 체류하면서 새민족교회 청빙에 응하게 되었는데 그 서류 중의 하나로 의견 요청서가 있었다. 아래 자료는 새민족교회 의견 요청서에 대한 답변이다. 이를 보면 저의 목회 철학이나 기독교 운동에 대한 관점 그리고 새민족교회의 성격을 좀 이해할 수 있을 것 같다.

새민족교회 의견 요청서에 대한 답변

김영철 목사

June 1, 2008

1. 새민족교회 미래보고서에 나타난 비전과 전략에 대해 평가해 주시고, 새민족의 비전과 전략과 관련하여 목사님의 목회 계획을 말씀해 주십시오.

우선 '미래보고서' 전체에 대한 소감을 말씀 드리겠습니다. 제가 과민한지는 몰라도 20주년을 맞이하여 창립기념을 과거에 대한 회상이나 정리(물론 그러한 역사적 정리도 대단히 중요합니다)보다는, 미래에 대한 그것도 20년 후의 미래상을 그린 작업을 한국교회에서 했다는 것을 잘 들어보지 못했습니다. 가까운 장래도 예측하기 쉽지 않은 변화무쌍한 한국 사회나 교회의 현실에서 이러한 시도는 대단한 용기와 지혜가 필요한 일이기도 합니다. 따라서 그 시도 자체에 대해 경의를 표하며, 아울러 새민족교회 뿐만 아니라 한국교회를 위해서 의미 있는 일이라 생각됩니다. 오늘날 진보적인 일반운동이나 교회 운동이 역동성을 상실한 것은 어쩌면 '꿈의 상실'에서 온 것이라는 생각도 듭니다. 민주화 성취, 사회주의의 몰락, 신자유주의 득세 등이 진보의 꿈을 앗아가고, 민중신학과 민중교회의 정체와 NCC의 정체성과 활동의 약화와 한국교회의 보수성의 강화 등이 진보 교회의 꿈을 빼앗은 것은 아닐까 생각해 봅니다. 그래서 이 시대의 진보와 진보 교회들이 꿈을 회복해야 함이 절실합니다. 미래보고서는 그러한 역할의 한 축을 담당할 수 있는 소중한 자산이 될 수 있습니다. 아울러 그 작업이 목회자나 신학자의 작업이 아니라 교회공동체의 공동적 작업을 통해 이루어졌다는 것도 특별한 의미를 가집니다.

'미래보고서'가 세운 비전은 핵심 가치와 믿음, 목적, 사명으로 이루어져 있는데 이에 대해서는 일단 전적으로 동의한다는 이야기부터 드려야 할 것 같습니다. 이미 목회 지원서에서도 밝혔듯이 개인적 신앙에서 사회적 신앙으로(대학 시절), 교회의 갱신과 사회변혁(신대원), 민중 선교와 연대(민중교회 목회), 세계화 시대의 JPIC선교(유학과 이민 목회)가 제 개인적인 신앙의 여정이나 목회 철학에서 핵심적 목표와 방향이 되었기 때문입니다. 따라서 제 개인적 신앙생활에서나 공적인 목회 현장에서도 그러한 목적과 사명은 동일하게 나타날 수밖에 없다고 생각합니다. 그러나 이러한 과정에서 진보적인 신앙인과(또는 제 개인의) 교회의 약점 또한 드러나 있다고 생각합니다. 이는 미래보고서의 '전략' 편에서도 지적하듯이 참된 영성과 교회적 헌신 그리고 비전에 대한 확신이 약하여 신앙적으로 흔들리고 교회에 대한 무책임성이 나타나 진보 교회들이 활력을 잃고, 나아가 한국교회의 주도권을 상실한 것입니다. 진보적인 기독교 운동 또한 지나치게 목회자 중심적이었다고 생각합니다. 따라서 비전을 이루기 위해서는 우리 자신의 성찰을 통해 자신의 약점을 보완해 가고 새로운 각오를 가져야 할 것입니다. 저는 그러한 면에서 진보적인 평신도 운동의 강화와 진보적인 신앙교육의 강화가 중요하다고 생각합니다. 이러한 부분에 대해서는 새민족교회의 목회 현장에서는 많은 실험과 진척이 있어 온 것 같습니다. 저의 이에 대한 구체적인 목회 계획은 공동목회 과정에서 좀 더 구체화 될 수 있겠지만 현재의 새민족교회 목회(전임 이근복 목사님의 목회)와 크게 다르지 않을 것 같습니다. 한 가지 비전이나 전략에서 지적하고 싶은 것은 '지역성'에 대한 문제입니다. 물론 교회 내부적으로는 그동안의 과정에서 지역성과 지역선교에 대한 고민이나 토론들이 많이 있었으리라 짐작합니다. 현재 '전국구형 개혁 지향성 소규모 공동체적 교회'로서의 새민족교회의 위상은 충분히 의미가 있습니다만, '지역 교회성'이 부족한 것은 근본적인 문제와 약점이 될 수도 있습니다. 또한 그러한 비전을 이루어 가는 출발을 이루는 데도 어려움을 초래할 수도 있습니다. 또 하나 지적하고 싶은 것은 '교단'에 대한 문제입니다. 이는 지역과 같은 맥락으로서 우리가 한국교회를 개혁한다고 말할 때 한국교회 전체를 거론하는 것이 막연하고 구체성을 상실할 수 있다는 것입니다. 저는 물론 새민족교회가 통합측 교회로서 기장선교교육원에서 예배를 드리는 것이 에큐메니칼운동적 의미가 있다고 생각합니다만, 교단 개혁을 통한 구체적인 한국교회의 개혁을 상정하는 것도 필요하다고 생각합니다.

2. 평신도와의 공동목회는 어떤 의미가 있으며, 어떤 방법(교회구조와 조직, 프로그램 등)으로 실현할 수 있다고 생각하십니까?

두말할 것도 없이 한국 개신교회의 지나친 목회자 중심주의가 제도적 비민주성이나 성장주의에 큰 원인을 제공했음을 생각할 때 평신도와의 공동목회는 한국교회의 개혁을 위한 중요한 기반일 것입니다. 그런데 단순히 교회구조나 한국교회의 문제의 시각에서가 아니라 신학적인 차원에서는 저는 평신도와의 공동목회가 종교개혁교회로서의 본질을 회복하는 것이고, 더 나아가 예수운동의 본질을 회복하는 것이라 생각합니다. 종교개혁교회는 중세 가톨릭교회의 지나친 성직자 중심주의나 교권주의에서 만인제사장주의와 종교적 자유를 위한 개혁교회운동입니다. 또한 기독교는 예수의 하나님나라 운동에서 사도와 교부 중심의 교회운동으로 신학적 후퇴를 했는데 이를 회복하는 것이 기독교의 중요한 과제일 것입니다. 평신도와의 공동목회는 그러한 면에서 교회의 본질 회복과 한국교회의 개혁을 위한 기초가 되는 것입니다.

공동목회는 목회자 한 개인에게 지나치게 많은 권한과 헌신을 요구하는 구조를 바꾸는 것에서 가능할 것입니다. 또한 선교와 교회 개혁 운동에 평신도들의 다양한 참여를 통해 가능할 것입니다. 일례로 제가 목회했던 토론토연합교회에서는 제직회와 당회의 이원적 구조를 없애고 제직회 일원적 구조를 만들어 구성원들을 모두 장로로 호칭하고, 제직회장은 평신도가 담당하고 여러 위원회에서 구체적인 교회 사업을 결정하는 구조로 운영했습니다. 민중교회 목회(인천 고백교회)에서는 다양한 노동 선교와 지역 선교 프로그램의 평신도 실무자들과 공동목회를 시도했습니다. 그러나 그러한 공동목회의 구체적인 추진은 상당한 어려움과 난관이 있다는 것도 아울러 지적하고 싶습니다. 민중교회 목회 10년을 통해 교회 운영과 평신도와의 선교 동역체를 이루어 보려는 시도는 뜻대로 잘되질 않았습니다. 토론토에서 대표적인 진보적 교회이고 맨 처음 창립된 토론토한인연합교회(임마누엘교회)의 3년의 목회를 통해서도 때로는 multiple leadership이 갖는 구심적의 상실과 지도력의 약화가 교회의 역동성을 상실하는 원인으로 작용함도 경험해 보았습니다. 물론 그러한 어려움은 평신도와의 공동목회에서 해결해 가야 할 숙제이고 지속적인 교회의 과제일 것입니다.

3. 평신도의 목회 역량(지도력) 강화와 예수살기 신앙 세우기라는 관점에서 새민족교회 전교인 교육훈련에 대한 구상과 구체적인 계획은 무엇입니까?

평신도의 목회 역량과 신앙의 강화는 당연한 말이지만 기본적으로 체계적이고 지속적인 성경공부와 신앙 훈련 프로그램을 통해 가능할 것입니다. 그런데 그동안 한국교회의 성경공부나 신앙 훈련 프로그램은 대부분 교회 성장을 위한 수단으로 이용되었고, 내용 또한 단순한 문답식 성경공부나 신학적 편향성을 가진 신앙 훈련으로 그쳤기에 바른 신앙으로 인도하는 데 한계가 있었습니다. 더구나 교회에서 신학 훈련은 거의 이루어지지 않고 있습니다. 토론토에서 한국어신학원이나 성서신학원에서 기독교사회윤리나 조직신학 교회사 등의 과목을 가르치면서 들었던 여러 교회의 평신도들의 반응은 일단 교회에서 이러한 교육을 전혀 받아보지 못했다고 것이고, 둘째로 이렇게 중요한 내용인데 왜 가르치지 않는지 모르겠다는 반응이었습니다. 교회에서 활성화되어 있는 선교 프로그램도 개인 신앙과 가정생활(아버지학교, 어머니학교 등)을 벗어나지 못하고 사회선교 프로그램은 전무한 실정입니다. 새롭게 제기되는 비판적 신학의 시각이 반영되고 사회적 선교 프로그램이 첨가된 다양한 신앙 훈련 프로그램을 시도할 예정입니다. 성경공부와 관련해서는 민중교회 목회 시에 김영운 목사님의 공동체성경공부 프로그램을 운영해 보았고,

토론토에서는 이연길 목사님의 이야기식성경공부 프로그램으로 성경공부를 주일, 화요일에 시행해 왔습니다. 새민족교회의 성경 읽기 프로그램이나 목회적 요구를 반영하는 조율 과정을 거쳐 교육 훈련 프로그램이 정리되어야 하리라 봅니다.

4. 교회공동체에 의견 대립이나 갈등이 있어 혼란과 위기 상황이 생겼을 때 어떻게 대처하고 해결하려고 하시겠습니까?

기본적으로 교회공동체의 의견 대립이나 갈등이 바람직하지는 않지만 여러 구성원들이 있는 교회공동체로서 어쩌면 당연한 현상이라고 생각합니다. 흔히 말하듯 문제가 있다는 것이 문제가 아니라 무슨 문제인가가 문제일 것입니다. 교회공동체의 갈등은 다양한 유형이 있습니다만 핵심적으로는 교회의 목표와 방향에 관한 정체성으로 인한 갈등이 있습니다. 신앙적, 신학적 갈등입니다. 제가 목회했던 토론토 교회도 대표적인 진보적 교회여서 많은 복음적 교인들이 조직적으로 교회를 떠났던 역사가 있었습니다. 그런데 새민족교회에서는 그러한 가능성은 별로 없을 것 같습니다. 또 다른 갈등은 목회자와 평신도의 갈등입니다. 한국 교회에서 가장 빈번하게 일어나는 갈등인데, 현재처럼 공동체성을 상실하고 기업적 개교회주의가 성행하는 현실과 지나치게 목회자 중심의 목회에서는 불가피한 현상입니다. 새민족교회도 오랜 기간 목회했던 전임목회자의 스타일에 익숙한 교회로서 새로운 목회자와 이러한 갈등이 생겨날 소지가 충분히 있습니다. 그런데 이러한 목회자 평신도의 갈등은 서로 간의 예의와 상식을 갖춘 대화와 신앙적 공동체성으로 해결해야 하지만, 근본적으로는 제도를 통한 해결 방안이 필요합니다. 이를 위해 제도적 평가와 정리의 기회가 필요한데 이를 위한 구체적인 방안으로는 목사, 장로 임기제가 시행되어야 합니다. 그런데 새민족교회에서는 이미 정관상으로 시행하고 있는 것 같습니다. 그다음에 평신도와 평신도 간의 갈등인데 성별, 나이, 신앙 성향 등의 여러 가지 요인이 서로 간의 갈등 요인으로 나타납니다. 이야말로 교회 안의 작은 교회들과 다양한 친교와 나눔을 통해 극복해야 합니다. 새민족교회 소식란을 보니 남선교회 회원들이 토요일에 축구하고, 여선교회 회원들이 같이 밥 먹는 모임을 갖는다는 데 많은 도움이 될 것 같습니다.

5. 현재 기독교 운동 상황에 비추어 본 새민족교회의 위상과 역할 그리고 새민족교회 담임목사로서 에큐메니컬 운동 및 사회운동 참여 계획과 역할에 대해 말씀해 주십시오.

오랫동안 외국에서 생활하여 현재 기독교 운동 상황을 제대로 평가할 수는 없습니다만, 제가 민중교회 운동을 시작할 때 산업 선교와 빈민 선교 같은 선교 운동체가 아니라 교회공동체를 통한 선교와 연대를 통해 한국교회를 개혁한다는 것을 내세웠는데, 새민족교회도 기본적으로는 비슷한 위상과 역할을 가질 것 같습니다. 그러나 사회적 상황이나 교회적 현실은 대단히 많이 바뀌었다고 볼 때 구체적인 위상과 역할은 상당히 다르리라 봅니다. 전체적으로 진보적인 기독교 운동이 약화되고 한국기독교의 보수성이 강화되면서 '사회적 신뢰성'의 위기를 초래하고, 교회가 한국사회의 정치 경제 보수화의 주된 기반을 이루는 현실에서 새민족교회와 '다른 새민족교회들'의 중요성이 더욱 부각되리라 봅니다. 더구나 새민족교회는 목회자와 평신도들이 각각 열성적이고 책임적으로 에큐메니컬 운동과 교회개혁 운동에 참여하고 있는 바람직한 모습을 가지고 있습니다. 새민족교회의 목회자로서 제 개인도 이러한 참여를 발전적으로 지속할 것입니다. 저는 현재 한국교회에서 절대적으로 교회개혁 운동과 새로운 신앙 실천 운동이 필요하다고 보기에 그러한 운동에 동참할 것입

> 니다(「뉴스엔조이」를 보니 대략 '예수살기'와 교회개혁실천연대 등이 새롭게 보이고 오랫동안 참여했던 민중교회 운동이나 정평목협 운동에 동참하리라 봅니다). 아울러 새로운 신앙과 신학운동에도 동참할 것입니다. 무엇보다도 이는 한민족평화선교연구소를 통해서 일차적으로 이루어지고 개인적으로 기독교사회윤리학회나 강의를 통해서 이루어지리라 봅니다. 에큐메니칼운동에 있어 세계 교회와의 연대와 아시아 교회와의 나눔은 세계화 시대의 필수적인 과제라 봅니다. 저의 캐나다 교회의 경험이나 CCA와 WCC 프로그램의 참여, 세계화에 대한 교회의 대응을 주제로 쓴 공부가 이러한 일에 도움이 될 것 같습니다.

2) 새민족교회 목회

새민족교회는 등록 교인이 100명, 출석 교인이 70명 정도 되는 작은 교회이지만 우리 교단에서는 가장 진보적인 교회 중의 하나이다. 목사와 장로가 모이는 당회에서 결정하는 다른 교회와는 달리 교회의 중요한 결정을 교회위원회에서 결정하게 되는데 교회위원회는 담임목사 외에 평신도 6명(장로 대표 1, 안수집사 대표 1, 제직회 대표 3, 교회학교 대표, 청년회 대표 등)으로 구성되어 있다. 목사와 장로는 임기직으로 되어 있는데 목사는 임기 5년에 안식년이 지난 다음에 투표로 재청빙하게 되어 있었고 장로는 5년 단임제였다. 앞에서 잠깐 언급했듯이 교인들은 교회 예배 외에도 촛불 교회 같은 외부 활동에도 적극적이었다. 그런데 우리 교회는 기장 선교교육원에 세 들어 살고 있었다. 선교교육원은 기독교장로회 교단의 본부 건물이긴 하지만 70년대 재야운동의 산실과 같은 곳으로 많은 해직 교수들과 구속 학생들이 모여 재야 신학교가 만들어졌던 곳이기도 하다. 당시에 우리 교회 외에도 여성단

체연합이 영등포에 건물을 짓기 전 잠시 세 들어 있었는데, 당시에 남인순 사무처장(현 더불어민주당국회의원)은 인천에서 같이 활동했던 분이어서 반갑게 만나기도 했다.

내가 부임한 2년 뒤에 망원동에 있는 집을 경매로 사서 이사하게 되었다. 교회에 돈이 없어 싸게 사려고 시도한 것인데 세상에 공짜가 없다는 것을 실감하는 기회가 되었다. 결론적으로 경매는 우리와 같은 아마추어가 두 번 다시 할 일이 아니라는 것을 이 과정에서 실감하게 되었다. 본래 소유자가 교회의 여자 목사님인데 나중에 법원에 다니다 알게 된 것은 사기 혐의와 이단 혐의로 고소가 여러 번 된 사람이었다. 나중에 따져보니 경매로 사서 실제로 입주하는 데까지 1년이 넘게 걸렸다. 처음 집달리(경매로 산 집에 실제로 입주하기 위해 법원 관계자와 함께 이삿짐을 처리하는 것)를 시행하려고 했더니 전세 계약서를 가진 입주자가 나타났다. 그 목사의 여동생이었지만 법원에서 나온 사람들이 자기네들도 어쩔 수 없다는 것이다. 이삿짐을 처리하기 위해 온 화물차 3대 비용은 우리가 부담해야 하는데 이사도 못하고 차 비용만 치렀다. 이런 식으로 몇 번 실패하다 결국 법원에 명도소송이라는 복잡한 과정을 거쳤다. 나중에는 조폭까지 동원되었는데 이후 이사비용 형태의 금전적 보상을 하고서야 마무리되었다. 그런 과정에 목사인 내가 서부법원에 여러 차례 들락날락했다. 내가 경매 전문가가 될 판이었다.

이러한 과정을 통해 아무튼 입주하게 되어 내부 수리를 하고 2010년 12월에 입주 예배를 드렸다. 새민족교회는 망원2동에 위치해 있었는데 10분 정도 걸어가면 한강이었다. 이곳이 우리가 어린 시절에는 서울의 쓰레기 매립지였던 난지도가 가깝고, 한강에 홍수가 나면 항상 물난리가 났던 곳으로 유명했던 곳이다. 하지만 난지도는 노을공원, 하늘공원 등의 자연생태공원이 되었고, 강변도로로 많은 사람들이 산책을 하거나 자전거를 타는 곳이 되었다. 내게도 가끔 망원동 한강변에서 노을을 바라보거나 산책을 하며 즐기는 곳이었고 우리 교인들은 야외 예배를 한강공원이나 하늘공원에서 드리기도 했다.

새민족교회가 위치한 건너편 동네인 성산동에는 마을 운동으로 유명한 성미산 마을이 있었다. 서울 마포의 해발 66m 작고 낮은, 그러나 마포구 유일의 자연산 성미산을 중심으로 연결된 크고 작은 70여 개의 '커뮤니티 네트워크'(공동체들의 관계망) 성미산 마을이다. 시작은 1994년에 공동 육아하던 젊은 가정들이 모여 우리어린이집을 만들면서부터이다. 그 뒤로 아이들이 크자 초등학교 방과후(도토리마을)가, 2004년에는 초중고 과정 대안학교 성미산학교가 문을 열었다. 2001년에 마포두레생협을 만들고 이후 마을축제, 성미산지키기운동, 지역교육센터, 마을기업 추진에 앞장섰다. 이외에도 반찬가게, 카페, 책방, 극장 등 이용할 공간도 다양하게 들어섰다. 성미산 마을 운동을 맨 처음부터 함께했던 유창복 선생, 위성남 선생, 문치웅 선생 등과 자주 만나고 교류했다. 이들은 나중에 마을 운동을 대대적으로 일으킨 박원순 서울시장이 만든 마을만들기 지원센터의 핵심적 역할도 하게 된다. 아무튼 성미산 마을에는 전국 각지에서도 탐방과 방문이 이어졌는데 내게도 "목사님도 망원2동에서 한번 만들어 보세요"라는 권유를 받았다. 이러한 성미산 마을 운동은 목회적으로도 마을 목회라는 고민을 안겨주었고, 마침 부천 약대동에서 마을 목회를 하던 이원돈 목사도 방문해서 같이 이야기를 나누며 그런 방향에 깊이 공감했다. 그래서 실제로 교회에서 회의를 하면서 교회위원회에 마을 목회에 관해 같이 이야기를 나누고 제안해 보았다. 성미산마을 운동의 기본 원칙은 일단 그 근처에 같이 사는 것이었다. 집을 얻어주진 않지만 알아서 그 동네로 이사 와서 같이 살면서 하는 지역 주민 자치 운동이었다. 100명도 안 되는 우리 교인들이지만 서울 곳곳에 살고 있는 전국구 교회였다. 장로님들부터 이사를 권유했지만 반응은 시큰둥했다. 실제로 각자 살고 있는 곳에 이미 뿌리를 내리고 자녀들도 학교를 다니고 있어서 쉽게 이사할 입장이 못 되었다. 성미산마을이 왜 공동육아 운동으로 시작되었는가도 이를 통해 능히 이해될 수 있었다. 아이들이 어릴 때부터 같이 살지 않으면 이사하는 것들이 쉽지 않은 것이다. 그래서 우리 교회의 방향도 마을 교회로서의 형태가 되는 것은 포기할 수밖에 없었다. 에큐메니컬운동 교회로서 사회선교에 헌신하는 본래의 새민족교회 방향성이 그대로 유지된 것이다.

3) 생명평화 기독교 운동과 작은교회 운동

2008년 귀국하여 2012년까지 새민족교회에서 목회하였다. 이런 저런 사정으로 아내가 캐나다에 계속 머물게 되자 계속해서 목회하는 것이 어려워졌다. 그래서 임기 5년을 거의 채우는 시점에서 사임하고 기독교사회문제연구원 부원장으로 일하게 되었다. 새민족교회 목회 중에 의미 있게 참여한 것이 촛불교회 운동이다. 사건 현장에서 목요일마다 드리는 예배로 용산참사, 쌍용자동차 노조의 시청 앞 덕수궁 대한문에서의 투쟁, 세월호 가족과 함께하는 예배 등 굵직굵직한 사건 외에도 다양한 투쟁 현장에서 함께했다. 이명박 정부하에서 생명과 평화가 위협받는 시대에 2010년 생명평화 그리스도인 선언이 발표되었다. 이 과정에서 '생명평화마당'이 만들어지고 여기에 깊이 참여하면서 작은교회 운동이 시작된다. 귀국 후 다양한 교회와 사회선교 활동이 펼쳐진 것이다. 생명평화 기독교 운동과 작은교회 운동에 대해서는 직접 관여하면서 발제도 많이 하게 되었다. 생명평화교회론과 작은교회 운동에 대한 정리 내용을 소개한다.

생명평화교회론

우리는 산업화 시대의 패러다임인 대량생산과 대량 소비의 소품종 대량생산 체제가 한계에 다다르고, 정보화 시대의 새로운 패러다임인 다품종 소량 생산 체제로 바꿔야 한다는 시대적 요청에 직면해 있다. 생명평화적 가치를 구현하기 위하여 교회적 차원에서도 대형 교회의 양적성장 패러다임에서 작은교회의 질적 패러다임으로의 전환이 절실히 요청된다 하겠다.

한국교회의 가장 큰 위기는 역설적으로 교회 성장주의가 가져왔다. 교회가 물량적 팽창주의로 치달으며 외적으로 대형화하려는 유혹을 갖는 데에 위기의 본질이 있다. 교회의 본질인 공동체성과 공교회성을 상실하게 되는 것이 대형 교회(mega-church)이다. 성장주의적 목회 방식은 그 유효성에서부터 분명히 의심받고 있지만, 더 주목해야 할 것은 그 모델로 이상화된 대표적 교회들이 한국교회에서 받고 있는 현실적 평가이다. 교회의 사유화와 권력화로 인한 각종 추문으로 사회의 질시를 받는 대상이 되었기에 이제 지난 30년을 주도해 왔던 큰 교회 중심의 교회 성장 패러다임은 붕괴의 위기에 직면해 있다 하겠다.

한국교회의 또 하나 위기는 교회를 지역과 사회에서 분리, 격리, 고립되어 소통에 실패하고 있다는 것이다. 그러기에 이제 교회를 스스로 고립되고 자폐된 한 개체 교회로 생각하기보다는, 지역과 마을과 자연과 우주와 생태적으로 연결된 하나의 생태계로 보아야 한다는 것이다. 이제 교회는 더 이상 개교회 단위로 목회하고 선교하는 차원을 넘어서서 마을과 지역이라는 생태계 속에 함께 존재하는 교회가 되어야 한다. 목회자와 교인들은 개교회의 목회자와 교인을 넘어서서 지역과 마을을 목회하고 섬기면서 생명 망을 건설하는 그리스도인들이 되어야 한다. 이렇게 개교회를 넘어서 마을 단위로 목회하고 선교하는 생명평화 선교의 가능성은 지난 1980~1990년대 민중교회의 민중 선교에서 그 전통을 찾을 수 있다. 가난한 지역의 탁아소와 공부방, 노동상담소와 열린교실 등을 통해 사회복지선교와 지역 운동에 헌신해 왔던 사례를 통해 작은교회의 대안적 생태계의 가능성을 보여 주었던 것이다.

또한 세계적인 생태적 위기는 경제성장에 편승하여 교회 성장에 진력해 왔던 한국교회로 하여금 지금까지의 삶의 방식을 반성하고 회개하며 대안적 삶을 실천해야 한다는 당위성을 주었다. 이러한 대안적 삶은 단순히 물적 차원에서 이루어지는 것이 아니라 근본적으로 영적 갱신이 필요하고 따라서 생태적 영성이 필요하다. 공동체적 삶과 대안적 삶의 양식을 신앙적으로 정립하는 것이 생명평화 교회의 모습이라 하겠다.

생태교회의 비전을 제시하고 있는 김준우 교수는 생명평화 교회의 비전을 이렇게 정의하고 있다. 1) 생명 중심의 세계관은 예수의 하나님 나라의 복음의 관점에서 신자유주의적 시장 자본주의에 대한 철저한 비판적인 입장을 필요로 한다. 우선 대량생산과 대량 소비를 통해 생태계 파괴를 조장해 왔던 경제 개발주의에 편승했던 교회성장 신학(성공/번영 신학)

에 대한 반성과 회개가 필요하다. 2) 교회가 감당해야 할 일차적인 사명은 교회성장 목회의 핵심 내용이었던 개인 영혼 구원 중심의 내세주의, 인간중심주의, 성공과 번영이라는 물질적 축복 중심주의의 온갖 비복음적 요소들과 폐쇄를 극복하고, 생명 중심의 세계관과 가치관을 뿌리내리는 운동을 전개해 가야 한다. 3) 다음 세대를 위한 목회는 예수의 하나님 나라 운동이 당시 3중 4중의 착취구조로 인해 무너져 내리던 마을공동체를 회복시키는 운동이었다는 사실에 근거하여, 이 시대에 생태마을공동체를 건설하기 위해 예수운동에 동참해야 한다. 4) 생명평화 교회는 교회가 사회 성찰의 불길을 끌어 올리는 역할을 해야 한다.

작은교회운동

이러한 생명평화교회론은 '작은교회'운동으로 전개되었다. 생명평화마당이 주관한 '탈성장시대의 교회론'이나 '대형교회의 신화를 넘어서' 같은 심포지엄을 통하여 한국적 작은교회론이 전개되었고, 이들이 한데 모인 한마당이 '작은교회박람회'가 되었기 때문이다. 그런데 여기에서 '작은교회'는 단순히 규모가 작은 교회라기보다는 '교회의 공동체성을 중시하는 작은 교회의 가치를 존중하고 그 의미를 추구하는 교회'라고 보는 것이 옳을 것이다. 그저 규모만 작다고 '작은교회'라고 칭할 수는 없다. 사실 대형 교회를 지향하는 작은 교회들은 '짝퉁 대형 교회', 즉 대형교회적 가치에 신앙적 영성이 회수된 교회이다. 여기서 말하는 '작은교회'는 대형 교회적 가치를 추구하지 않는 이념형으로서 소형 교회를 말한다. 달리 말하면 성공지상주의적 프로그램을 청산하려는 소형 교회라 할 수 있다. 작은교회를 통해 교회의 본질을 회복할 수 있고, 작지만 훨씬 더 효율적인 교회가 될 수 있다고 보았다.

E.F.슈마허는 그의 책 『작은 것이 아름답다』에서 "작은 것은 자유롭고, 창조적이고, 효과적이며, 편하고, 즐겁고, 영원하다"고 말했다. 이것은 그대로 적용하면 작은교회는 자유로운 교회, 창조적인 교회, 효율적인 교회, 편한 교회, 즐거운 교회, 지속 가능한 영원한 교회라 칭할 수 있다. 작은교회의 장점은 그러기에 '더' 소통적이며 '덜' 배타적이다. 다양하고 창조적인 공동체를 만들어 가는 우리 시대의 흐름과 조응하는 교회이다. 작은교회에는 신학과 영성이 풍성하다. 나아가 작은교회는 이웃과 사회적 연대에 훨씬 더 개방적인 교회로서 무한경쟁시대에 사회복지동맹의 중요한 일원이 될 수 있고, 되고 있다.

2013년 10월에 '제1회 생명과 평화를 일구는 작은교회박람회'가 감신대에서 개최되었다. 박람회의 참가자들과 교회들은 "작은교회가 희망이다", "생명평화 교회가 대안이다"라고 외쳤다. 비록 수많은 한국교회 중에서 그것도 작은 규모의 50여 교회와 15개 기관이 모인 것에 불과했지만, 이른바 '대안 교회 운동으로서의 작은교회 운동'을 천명한 역사적인 자리였다.

이후에도 작은교회박람회는 제5회까지 계속 진행되었다. 생명평화마당 교회위원장으로 작은교회박람회 진행을 위한 실무를 담당해서 일을 진행했다. 그런 과정에 많은 작은교회 목회자들을 만나고 현장을 방문했다. 그들과 함께 크고 작은 모임과 세미나를 수차례 진행했다.

세월호 이후의 신앙과 교회

2014년 4월 16일에 일어난 세월호 참사는 우리 사회와 교회를 향하여 다시 한번 근본적인 질문을 던졌다. 고난주간에 일어난 이 비극적인 참사는 부정과 부패가 가득한 불의한 사회가 바로 죽임의 사회요 평화의 걸림돌임을 분명히 보여 준 것이다. 더구나 어린 청소년들의 생때같은 죽음을 생중계로 보면서도 아무것도 하지 못하고 바라볼 수밖에 없었던 우리에게 "이 시간 도대체 하나님은 어디에 계신가?"라는 서구 교회가 홀로코스트(holocaust)를 겪은 뒤 받았던 신학적 질문 앞에 서게 되었다. 고통받는 자와 함께하는 '곁에 있는 교회'가 되어야 했다. 그런데 한국의 대형 교회 어느 곳에서도 세월호 유가족들과 아픔을 연대하는 모습은 나타나지 않았다. 교회를 자신들만 지켜주는 안전한 방주로 생각하는 그리스도인들이 많기 때문이다. 교회를 흔히 구원의 방주라고 많이 표현한다. 그런데 교회는 방주가 되어서는 안 된다. 들어간 사람은 나올 수도 없고, 미리 들어가지 않은 사람은 들어갈 수도 없는 폐쇄적 대형 선박이 되어서는 안 된다. 그것은 마치 침몰한 세월호와 같다. 도리어 교회는 작은 구조선이 되어야 한다. 위험에 빠진 사람들을 효율적으로 구조할 수 있는 작은 구조선 말이다. 세월호 사태에서도 그나마 생존자들을 구해낸 것은 작은 통통배들이었다고 한다. 이것이 시사하는 바가 무엇인가? 바로 포스트-세월호 신앙과 신학의 주체는 작은 교회가 되어야 한다는 것이다.

세월호 가족들과 세월호를 생각하는 사람들의 모임은 우리 사회의 새로운 사회운동을 보여 주었다. 광화문에서 열리는 세월호의 진실을 찾고자 하는 집회에는 정말 각계각층의 사람들이 참여하였다. 더구나 아이들의 죽음에 직면하여 문제의식을 느끼고 나선 많은 학부모들과 시민들이 있었다. 여전히 세월호의 진실은 제대로 밝혀지지 않고 정리되지 않는 문제이기도 하다.

2018년~현재 마을 운동과 마을교육공동체 운동

1) 코로나19의 새로운 세계에서

2020년 2월에 중국 우한에서 시작된 코로나19 사태는 우리의 삶과 세계의 모습을 확 뒤바꿔 놓았다. 빠른 전염성과 무증상으로 인한 집단 감염자가 속출하고 단시일 내에 확진자가 폭발적으로 증가하였다. 이로 인하여 우리는 예전과는 완전히 다른 일상을 살아가고 있다.

재택근무가 늘어나고 학교의 온라인 수업이 일상화되었다. 소비 트렌드도 전자상거래로 온라인쇼핑이 급증했다. 사회적 거리두기는 전염 확산을 방지하기 위해서 사람 간의 대면접촉을 최소화하기 위해 나타난 슬로건이다. 이렇게 집에서 보내는 시간이 많아지다 보니 집을 아름답게 꾸미는 사업들도 번창한다고 한다.

코로나19는 우리의 일상적 삶만이 아니라 우리 사회와 세계도 바꾸고 있다. 세계화와는 전혀 다른 방향으로 흘러가고 있는데, 세계는 더욱 분절되고 갈라지고 있다. 유럽연합이 균열되고, 미국과 중국은 무한경쟁으로 돌입하고 있다. 코로나19로 세계화의 취약성이 노출되어 생산기지의 본국 회귀(Reshoring)가 대대적으로 진행되고 있는데, 이 부분에서 세계화 시대에 그렇게 자유무역을 강조하며 FTA 맺기를 강요하던 미국이 보호주의로 돌아섰다. 염려되는 것은 코로나19 확산 속에 경제적 타격과 의료 접근성 측면에서 잠재된 구조적 불평등 표출, 타 인종과 타 종교에 대한 혐오의 증가로 국제사회의 불안정성이 높아진다는 것이다. 비대면 근무가 힘든 저임금 서비스직과 취약계층이 경제적으로 더 큰 위험에 노출되어 있어 사회 내부 갈등을 자극하고 있다. 하지만 위기가 기회라는 말이 있듯이 코로나19 상황은 우리의 삶을 돌아보고 미래를 새롭게 구상하게 만드는 계기를 제공하였다. 제4차 산업혁명으로 촉발된 사회적 전환과 미래의 삶이 훨씬 더 앞당겨져 왔다.

코로나19 사태는 이렇게 우리가 사는 사회와 세계뿐만이 아니라 교회의 위상과 역할도 엄청나게 바꿔 놓았다. 오랫동안 코로나 사태로 대면 예배를 드리지 못하는 사이 1만 개 가까이 작은 교회들이 없어졌다고 한다. 코로나19 초기에 일어난 일이기는 하지만 신천지가 코로나 확산 주범 중의 하나로 지목되고, 여러 이단 선교 기관의 집단적 교육이 코로나 사태의 진원지로 파악되며 이단의 반사회적 정체성이 드러나기도 했다. 교회는 비대면 예배의 일상화라는 초유의 사태 속에서 진정한 예배와 선교가 무엇인가를 진지하게 고민하게 되었고, 인터넷을 기반으로 한 비대면 교회의 편만과 활성화가 점쳐지기도 했다. 코로나19로 인한 교회의 변화는 아직도 진행 중이다.

코로나19는 내 개인적인 생활도 많이 바꾸어 놓았다. 가장 큰 특징은 내가 사는 마을로의 활동 이동이다. 어쩔 수 없는 공간 이동의 제약이나 기존 활동의 중지에 기인한 것이지만 마을로의 귀환은 새로운 에큐메니칼 사역을 보여 주고 있다. 그런데 그 전조는 코로나 전 마지막 방문지였던 영국에서 나타난 것이 참으로 기이하다.

2) 코로나 전야 — 영국의 전환마을 현장에서

2019년 10월 말 NCC교육위원장으로서 "사회적 경제, 전환마을, 공동체"를 주제로 영국에서 해외 현장 탐방 프로그램을 주관했다. 탐방

한 곳은 사회적 경제로 지역 목회를 개발한 런던 동부 지역의 Bromly-By-Bow센터와 전환마을 토트네스(Totness), 전환마을의 이론적 기반을 만든 슈마허대학(Shumacher College) 그리고 브루더호프공동체(Bruderhof Community in Davell)였다. NCC 교육위원회 영국 해외 현장 방문에는 교육위원 5명(남3, 여2)과 함께 런던에서 대안교육을 공부한 하태욱 교수(건신대학원대학교)가 통역을 겸해서 동행했고, 영국 Bristol에서 사역하고 있는 김보현 선교사(현 예장 사무총장)가 안내를 맡아 주었다. 그런데 지나고 보니 이 여행이 코로나 전야의 마지막 해외여행이었고 새로운 사역지 마을을 예고하는 예고편이기도 했다.

그러기에 방문한 다른 곳도 참으로 인상적이고 얘기할 것이 많지만, 전환마을 토트네스와 전환마을의 이론적 근거지 슈마허대학에 관해서만 언급하고자 한다.

영국에서 보는 대안세계회의 현장

전환마을 운동의 현장 — 토트네스(Totness)마을

 2006년 아일랜드의 킨세일(Kinsale)과 영국의 토트네스에서 시작된 전환마을 운동은 10년도 되지 않아 세계적인 운동으로 확산되었다. 전환마을 운동 네트워크(www.transitionnetwork.org)에 따르면 2014년 11월 현재 43개국 1,000개 이상의 전환마을 조직이 활동하고 있다고 한다.
 전환마을(도시) 운동의 창시자 롭 홉킨스(Rob Hobkins)가 말하는 전환마을(도시)의 출발점은 석유가 사라지고 탄소를 적게 배출하는 미래가 현재보다 오히려 더 좋다는 인식에서 출발했다고 한다. 전환마을(도시)은 더 지역화되고 회복력 있는 공동체로 변화하는 것을 촉진하는 다양한 사업을 펼친다. 전환마을(도시) 운동의 출발점은 지역공동체이며, 지역공동체 단위의 시민참여가 핵심이다. 전환마을(도시) 운동은 다양성, 창조성, 자급성을 중시하며, 경제 진흥이 이루어져야 전환이 이루어지고 지속 가능하다는 것을 강조하며 궁극적 목적은 전환 문화의 안착이다. 롭 홉킨스는 전환마을(도시) 운동을 벌이기에 가장 이상적인 도시 규모로 인구 5,000명 정도의 소도시를 생각하였다. 한국으로 말하면 읍·면·동의 규모이다. 그래서 전환마을 운동이 초기에는 주로 중소도시(town) 중심으로 이루어져 전환마을(transition town)이라는 용어가 널리 사용되었다. 그러나 지금은 전환 도시(city), 전환마을, 전환촌락, 전환 대학(학교), 전환 거리, 전환 공간, 전환 이웃 등이 나타나면서 전환 운동을 전환 도시로만 이해하는 데에는 한계가 있고 더 이상 정확한 표현도 아니게 되었다. 그 활동 내용은 공동식사(공동 식당 운영하기), 함께 영화 보기, 길가 정원 조성, 공동체 텃밭 조성, 빈 공간을 문화예술 공간이나 공동체 공간으로 활용하기, 자원 재활용 사업 등으로 다양하게 확장되어 나갔다.

오늘날 전환마을 운동은 중심 거점 1km 반경 내에서 다양한 호혜적 관계망을 만들며 이곳을 생태적이고 공동체적으로 탈바꿈시키고 재도약하는 활동을 일상에서 지속적으로 해나간다는 특징을 가진다. 전환마을(도시) 운동의 유형은 일반적으로 예술과 공예, 산업 경제, 다양성과 사회정의, 교육, 효과적인 그룹, 에너지, 음식, 건강, 주택, 내재적 변화, 지방정부, 교통 등 12개 주제로 분류한다. 전환마을(도시) 운동은 12개 분야와 전환마을, 전환 대학(학교), 전환 거리, 전환 공간이 점-선-면으로 연결됨으로써, 기존의 도시가 재생되고 지역공동체의 회복력이 높아져 탈바꿈되고 재도약하는 것을 과제(목표)로 한다.

토트네스는 이러한 전환 마을을 하기에는 너무나 적합한 규모와 분위기였다. 영국 남서부 데본주에 위치한 인구 8,500명의 농촌 마을이다. 시내 한가운데 우뚝 솟은 토토네스성을 향하는 완만한 경사로로 이루어진 시가지 길을 오르면 아기자기한 카페와 식당, 수공예품과 특산품을 파는 가게, 수제 맥주를 파는 Pub 등 아름다운 가게들이 즐비하다. 비영리기관(옥스팜과 같은)에서 운영하는 재활용품 가게도 유난히 많다. 하긴 토트네스 마을의 주제가 REconomy인데, 재사용 재활용의 경제를 뜻한다.

마을 중심에 있는 REconomy Centre에서 현지 활동가와 워샵도 했다. 그는 "What do we need to really thrive?"(우리가 진짜 번창하기 위해 필요한 것은 무엇인가?)라고 질문하고 둘씩 짝지어 토론하게 한 후 포스트잇에 써서 영국의 경제학자 막스 니프(Manfred Max-Neef)가 인간이 필요로 하는 9가지 요소(Needs- 이해, 창조, 보호, 게으름, 생필품, 애정, 정체성, 자유, 참여)에 붙이게 했다. 아마도 그는 우리에게 외적 전환을 위해서 내적 전환이 필요함을 강조한 것이리라.

영국 슈마허대학 탐방(노르베리 호지 교수와 함께)

전환마을의 이론적 근원: 슈마허 대학(Schumacher College)

『작은 것이 아름답다』의 저자 E.F. Schumacher의 정신을 따라 인도 출신의 평화운동가이자 녹색환경운동가인 사티쉬 쿠마르(Sathish Kumar)가 26년 전 학교를 시작했다. 슈마허대학은 생태주의, 대안 경제, 지속가능성을 가르치는 일종의 대안 대학으로 전환마을인 토트네스와도 연결되어 이론적 토대와 상상력을 제공한다.

이 대학의 정규과정(석사학위- 홀리스틱과학, 신화와 과학, 생태경제학 등)과 단기과정(Short course, 생태주의, 공동체, 파머컬처, 사회적 기업, 영성 등 다양한 주제로 누구나 함께할 수 있도록 실시함)이 생태학과 영성(Ecology and Spirituality), 생각하는 삶-내적 외적 전환(A Mindful Life-Inner and Outer Transition), 영혼의 영양제(Nourishing the Soul) 등의 주제를 다룬다. 세계 20개국에서 온 학생 40명이 공부하고 있었고, 단기 체류 학생도 20명이 거주했다. 함께 기숙사 생활을 하면서 농장과 일터에서 일하기도 했는데, 목공 예술 등의 기술 관련 수업들도 있었다. 코로나19로 많이 익숙해진 온라인 과정도 개설되어 있어 한국에서도 수강이 가능하다.

몇 년 전 한국을 방문해서 지리산에서 만났던 세계전환마을운동네트워크의 회장인 조나단 도슨(Jonathan Dawson) 교수는 여기에서 생태경제학을 가르치고 있었는데, 마침 수업 중이어서 만나지 못해 아쉬웠다. 그런데 마침 수업을 마치고 나온 한 교수가 어디서 본 듯한 분이었는데 우리에게 반갑게 인사를 건넸다. 그녀는 『오래된 미래:라다크로부터 배우다』라는 책을 쓴 헬레나 노르베리 호지(Helena Norberg Hodge, 스웨덴 출신의 언어학자이자 에코 페미니스트) 교수로 자신도 한국에 자주 간다며 친근감을 보였고, 여러 번 우리에게 사진의 모델이 되어 주었다.

3) 코로나19로 돌아온 나의 마을 부평

2019년 9월과 12월에 연이어 10년 동안 캐나다에서 귀국해서 함께 살았던 부모님이 돌아가셨다. 내게는 가장 가슴 아픈 사건이 코로나 전에 일어났다. 두 분은 1953년에 결혼하여 66년을 같이 사시면서 4남 1녀를 키우셨다. 두 분이 돌아가시면서 2020년 1월 부평공원 근방의 작은 빌라로 이사 오면서 새로운 생활이 시작되었다.

그런데 이사 온 뒤 한 달이 지난 2020년 2월부터 코로나 팬더믹 사태가 시작되었다. 학교도 문 닫으니 가장 활발히 활동하던 경기도교육청 시민감사관으로서 활동도 중단되었다. 뿐만 아니라 다른 활동들도 어려워지면서 새로 이사 온 동네에 있는 시간이 많아졌다. 그러면서 지난 10년을 돌아보니 새민족교회의 목회와 기독교사회문제연구원 부원장으로서 활동 그리고 '생명평화마당'을 통한 작은교회 운동이나 NCC교육위원장으로서 에큐메니칼 교육 운동들은 대부분 서울을 배경으로 활동한 것이었다. 경기도교육청과 관련된 경기도교육연구원 초빙연구원이나 시민감사관 활동은 수원이나 경기도 지역에서 하게 된 것이다. 가만히 생각해 보니 내가 1969년부터 줄곧 살아온 실제로 내겐 고향과 같은 부평에서는 별로 한 것이 없었다. 그래서 내가 사는 마을에서 내가 실천적으로 할 수 있는 일이 무엇일까에 대해 고민하게 되었던 것이다.

마을에서 무엇을 할까에 대한 고민의 결론은 경기도교육연구원에서 연구와 강의 활동을 할 때 중요한 주제가 되었던 '마을교육공동체 운동'을 하자는 것이었다. 이재정 교육감의 핵심적인 공약이기도 한 마을교육공동체 운동은 교육은 학교만이 아니라 마을이 함께해야 한다는 '마을교육'을 천명한 것이다. 한 아이를 키우기 위해서는 마을이 필요하다는 아프리카 속담에서 보듯이 마을에 의한 교육, 마을을 통한 교육, 마을을 위한 교육을 해야 한다는 것이었다. 경기도교육청은 이러한 마을교육공동체를 활성화하기 위해 마을교육 프로그램인 '꿈의학교'를 활성화시켜, 지금은 경기도 지역의 2,000여 곳에서 꿈의학교가 진행되고 있다. 경기도교육청의 마을교육공동체 운동은 서울교육청의 교육혁신지구 활동으로 발전해 갔고, 현재는 전국 17개 시도교육청 대부분에서 이름만 조금 달리할 뿐 시행되고 있다. 내가 일했던 경기도교육연구원은 이러한 마을교육공동체 운동 이론화의 본산이었고 내 자신도 이것에 관해 두 번이나 연구과제를 수행했다. 하나는 마을교육공동체 해외 사례 연구로 미국, 캐나다, 일본의 사례였는데 이를 위해 미국의 시카고와 영국의 런던을 직접 방문하기도 했다. 두 번째로 한 연구는 미래교육과 전환마을교육공동체에 관한 것이었는데, 이때에 전환마을 운동을 알게 되었고 앞에서 말한 영국 전환마을 토트네스의 방문의 시발점이 되기도 했다.

그런데 이러한 연구와 강의 중심의 마을교육공동체 경험을 이제 내가 사는 동네에서 직접 실천하자고 마음먹게 된 것이다. 이런 중에 내가 이사 간 빌라가 소재한 곳이 도시재생 '더불어마을사업'으로 지정된 '하하골마을'(부평동 767-23번지 일대의 지역으로 부평2동 2통과 부평3동 20통으로 이루어짐)이었고, 자연스럽게 '하하골주민협의회'와 함께 마을학교를 시작하게 되었다. 지역에서 마을교육공동체 운동을 함께할 분들을 만나기 위해, 2020년 부평구청 평생교육과에서 시행한 '마을교육공동체 활동가 양성 교육 프로그램'에 참여했다. 2021년 들어 본격

하하골역사문화교실 마을학교 학생들과 함께

적인 마을교육공동체 구성을 위한 준비를 본격화했다. 인천교육청에서 시행하던 마을교육학습공동체(5인 이상 모아 마을교육공동체에 대한 공부를 하면 운영비 100만 원을 지원하는 프로그램)에 동네 사람 다섯을 모아 응모했다. 이와 동시에 부평구의 마을학교 공모사업에 '하하골역사문화교실'이라는 명칭으로 마을학교를 제안했다. 내가 사는 부평은 일제가 1941년 만주전쟁의 군수품 생산을 위한 인천육군조병창을 건설하면서 형성된 도시이다. 일제는 조병창에 일할 노동자들을 강제로 모았고(국내 강제 징용), 그중에 가장 큰 군수공장이었던 미쓰비시제강 노동자를 위한 사택, 즉 미쓰비시줄사택을 수백 채 지었다. 일제 패망 후 육군조병창 자리는 미군이 들어와 애스컴 시티(ACCOM City)가 되었다. 미군들이 대부분 인천항으로 들어와 전국에 배치되는 인력과 물품을 총괄하는 군수사령부 역할이다. 이후 빵 공장인 중심인 camp market만 남게 되었다. 그래서 하하골 주변에는 미쓰비시줄사택과 미군부대 자리인 camp market 그리고 부평공원 안에 평화의 소녀상과 강제징용노동자상 등의 역사적 유적이 있었다. 하하골 역사문화교실은 바로 이러한 역사적 유적과 관련하여 일제 강점기의 역사와 해방정국 한국전쟁 시기 역사를 강의와 탐방 그리고 노래, 그림, 영화로 공부하고 표현하는 프로그램이었다. 초등학생들을 대상으로 2기에 걸쳐 24회 교육이 잘 진행되었다. 그런데 마을학교가 진행되던 중간인 6월에 코로나 사태가 심각해져 3주간 중단하기도 하는 우여곡절을 겪고 11월에 졸업식을 잘 마쳤다.

하하골 역사문화교실을 하게 되면서 나 자신도 내가 사는 부평의 역사와 지리에 관해 좀 더 깊은 이해를 갖게 되었다. 50년 이상이나 살았지만 내가 사는 마을의 역사와 지리에 관해서는 아는 것이 별로 없었다는 반성을 하게 되었다.

2022년에는 작년에 하하골마을학습공동체에 참여했던 학부모 1명이 주도하여 학부모 6명으로 마을교육학습공동체를 만들었다. 마을학교도 2년 차로 진행했는데 말 그대로 부평2동의 마을학교로 확대 발전시켰다. 부평2동을 미쓰비시(三菱)줄사택이 수백 채가 있었기에 삼릉(三菱)마을이라고 하는데, 하하골마을학교에서 삼릉마을학교로 변화 발전된 것이다. 동사무소와 주민자치회의 협력을 받아 2년 전에 지은 부평2동 행정복지센터 4층의 다목적실에서 널널하게 마을학교를 진행했다. '하하역사음악교실'이란 프로그램으로 진행했는데 역사 강좌와 탐방은 그대로 진행하고 있지만 횟수를 줄이고, 음악 수업의 횟수를 늘여 음악적 역량을 강화하여 수업 이후에 가능하다면 마을 어린이 합창단으로 활동하고자 했다. 지역에서 꿈마중합창단 지휘자로 있는 강은영 지휘자와 홍소연 반주자가 역사음악교실 교사로 참여해서인지 합창단이 뜻하지 않게 조직되었다. 2022년 8월 초에는 지역에서 열린 평화어린이노래 부르기 대회에 참가하여 최우수상을 받았고, 9월에 열리는 동네 축제에도 찬조 출연했다. 10월 말에는 인천에서 열린 제6회 전국민주시민합창축제에도 꿈마중합창단과 연합하여 찬조 출연했다.

2022년에는 교육사회적 협동조합 추진을 위한 모임도 진행했다. 마을교육학습공동체 모임을 함께했던 구성원들과 함께 장기적으로 마을교육을 안정적으로 진행하고 마을의 교육공동체 구성을 위한 사업으로 진행한 것이다. 몇 번의 강의를 함께 듣고 강화의 진강산마을교육공동체, 산마을학교, 콩세알사회적기업 등을 탐방했다. 11월 말에 창립총회를 하고 '마을과평화 교육사회적 협동조합' 발기인 대회를 마쳤다.

4) 마을 자치와 지역복지, 시민 문화 운동에의 참여

앞에서 말했듯이 마을에 들어와 맨 처음 시작한 것이 마을교육공동체 운동이고 마을학교이지만 이러한 일이 동네 사람들과 함께하지 않고는 불가능한 일이다. 처음에 주민들과의 접촉은 내가 사는 빌라 부근의 하하골 마을이었다. 부평2동과 부평3동 경계 지점에 있는 이 도시재생마을은 더불어마을 사업으로 지정된 곳이었다. 자연스럽게 하하골주민협의회와 협력하며 일을 시작했는데, 가장 든든한 동역자는 이 동네에서 전부터 살았던 인천기독청년협의회(EYC) 1년 후배이자 하하골마을주택관리소 조유형 소장이었다. 조 소장과는 동네에서 쌍두마차가 되어 일을 진행했다. 이 동네에 개인적으로 시작한 마을학

교육사회적협동조합 추진 모임

교 뿐 아니라 부평에 가장 오래된 평화의료사회적협동조합의 임원들도 지역돌봄사업을 위해 끌어들였고, 지역사회협동조합운동과 마을의 결합을 위해서 돌아가시기 전에 김용복 박사님과 인하대 의대학장인 임종한 원장, 부천의 이원돈 목사까지 하하골을 방문하게 했다. 하지만 지역 주민들의 한계도 절감했는데 이러한 외부적 영입을 통한 마을 운동의 내용적 활성화는 생각대로 진행되지 않았고, 마을학교도 결국 하하골에서 벗어나 삼릉 마을도 발전적으로 진출하긴 했지만 하하골 주민들과의 계속적인 협력적 관계는 어려웠다.

주민들과의 이러한 협력관계 설정의 어려움은 부평2동으로 진출하여 주민자치회에 참여하면서도 나타나게 된다. 잘 알듯이 당시에 주민자치위원회에서 주민자치회로 변경되는 과정에서 주민자치를 확대하고 예산도 배정했다. 우리 분과에서 내가 제안했던 사업은 학생들과 하던 역사문화교실을 성인용으로 변경 발전시킨 것이었다. 부평2동 행정복지센터 바로 옆에 일제 강제 동원의 역사적 유적인 미쓰비시 줄사택이 세 동이나 남아있었다. 이에 대한 역사 공부를 하면서 동네

문화해설사 과정으로 진행시키고 동네의 둘레길을 역사 문화길로 지정하여 함께 안내하며 걷는 프로그램이었다. 그런데 내가 몰랐던 사실은 우리 동네 주민들이 미쓰비시줄사택으로 인해 오랫동안 논란을 하다가 공영주차장으로 개발하도록 결의를 했다는 것이었다. 사실 미쓰비시줄사택은 오랫동안 방치되어 주민들의 민원 거리가 되었고 마침 길이 좁아 주차장이 부족했던 동네 주민들로서는 어쩌면 불가피한 선택이었는지도 모른다. 내가 제안한 사업이 그러한 논쟁을 다시 상기시킬 수 있다고 하여 주민 자치 임원들의 주도로 자치예산사업에서 삭제한 것이었다. 입맛이 씁쓸했지만 마을 사업에 거쳐야 할 과정이라는 생각도 들었다(다행히 미쓰비시줄사택은 문화재청의 권고와 부평구 민관협의회의 권고로 보존이 결정되었고 국가등록문화재로 등재되었다. 하지만 그러한 사업들도 속도감 있게 진행해야지 주민들의 민원을 야기하지 않을 것이다).

주민자치회에서 쓴맛을 본 내가 안타까워서인지 부평2동사회보장협의회 회장이 나에게 사회보장협의회 가입을 권고했다. 사실 동네에 나가보면 남자들이 활동하는 경우는 극히 드물기에 희소성이 긍정적으로 작용할 때도 있다. 동별 사회보장협의회는 일반적인 사회복지대상자(기초생활수급자와 차상위계층)가 아닌 분 중에서 도움이 필요한 분들의 복지, 이를 맞춤형복지라고 하는데 이런 복지사업을 민간 차원에서 진행했다. 격주로 반찬 배달이나 노인들과의 동행 사업, 장애인과 노약자 가구의 경수리 사업 등이다. 조유형 소장도 권유하여 사회보장협의회에서 같이 활동하고 있는데 집수리를 맡아 활동하고 있다. 이러한 과정을 통해 얻은 소득은 동장과의 긴밀한 만남이다. 부평2동 박미자 동장은 교육과 문화에 관심이 많고 동네일에도 열심이었다. 마을학교와 사회복지와 관련하여 동장과 자주 만나다 보니 민관협력의 좋은 동반자를 만났다는 생각이 들었고, 마을의 이런저런 일을 함께 상의하기도 했다. 마을 오케스트라 만드는 사업도 추진하게 되었는데 부평2동으로 들어오는 화장터기금(인천가족공원의 화장터에서 나온 수입을 화장터 부지가 차지하고 있는 해당 동에 주는 기금)으로 이를 진행했다. 마을 사람들이 많이 반대했지만 동장과 뜻이 있는 분들의 노력으로 마침내 성사되었는데 이러한 사업에 대한 논의와 고민도 같이했다. 2023년에 부일여중(현 동수중학교)에서 열린 동네 축제에 우리 하하마을어린이합창단을 초청해 준 것도 물론 동장이었다.

이렇게 동네 일을 하는 중에 내가 사는 부평구에서 시민 문화 단체인 사단법인 '부평광장'이 2022년 12월에 창립되었다. 우리 동네 앞에 있는 미군 부대 Camp Market이 80여 년 만에 부평 주민들에게 반환을

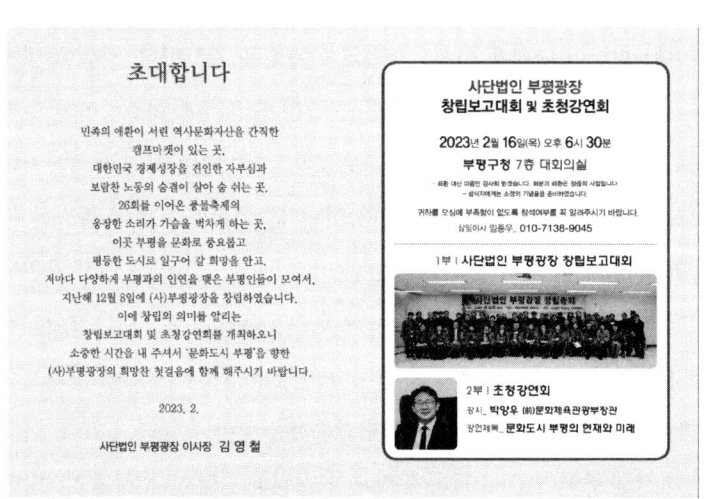

부평광장 창립보고대회 초청장

앞두고 있다. 부평의 요지에 16만 평이나 되는 큰 부지가 주민들에게 돌아오게 되었는데 이를 어떻게 활용한 것인가를 두고 다양한 논의가 이루어지고 있다. 역사적 유적을 그대로 보전해야 한다는 주장과 환경오염 정화에 우선을 두어야 한다는 주장이 되는가 하면, 주변 아파트의 경관을 위한 호수공원을 만들어야 한다는 의견도 있다. 이러한 의견들이 정치적 이해관계와 더불어 큰 이슈가 되고 있고 2022년의 지방선거에서도 뜨거운 감자가 되었다. 이러한 큰 이슈와 함께 문화도시를 표명하는 50만 부평구에 번듯한 시민단체가 없다는 차원에서 '부평광장'이 출범한 것이다. 마을학교와 마을 운동을 하던 나도 자연스럽게 참여하여 발기인이 되었는데, 총회에서 이사 선임 과정에서 내가 이사장으로 선임되었다. 사실 이사 10명 중에는 전 시의회 의장, 27년간 진행된 부평풍물축제에 산파역을 담당했던 사람들, 부평문화원이나 박물관 책임자 등 부평에서 오랫동안 일해왔던 사람들이 많았기에 사실 이사장 선임은 생각하지도 못했다. 그런데 이런저런 사정으로 결국은 내가 맡게 되었다. 부평광장은 창립된 지 얼마 되지 않았지만 지역의 이슈를 토론하는 포럼이나 부평역사아카데미, 문화관련 사업 등을 활발히 진행하고 있다. 마을로 들어온 지 3년 만에 지역의 중요한 시민 문화단체의 중책을 맡아 조금 부담스럽기도 하지만 지역사회를 위한 봉사라는 차원에서 일하기로 했는데 이를 통해 많은 지역 사람들을 만날 수 있는 기회이기도 하다.

5) 직접민주주의 마을공화국 운동과 마을대학 설립

2021년 10월 23일에 '직접민주주의마을공화국 전국민회'(이하 전

직접민주주의마을공화국 전국민회 창립총회

국민회) 창립총회가 전남 영광에서 개최되었다. 전국민회는 위기에 처한 대의민주주의에 대한 대안으로 직접민주주의 실현을 위해 마을공화국을 목표로 한다. 마을공화국은 사실 마하트마 간디가 인도의 독립 때에 이루려고 했던 비전이다. 간디는 고도의 자치(스와라지)와 자급자족 경제(스와데시)를 구현하는 70만 개의 마을공화국을 형성하고자 했다. 그래서 군대가 없는 비폭력 세상을 만들고자 했던 것이다 ("마을이 세계를 구한다" 「녹색평론」, 2011). 전국민회에서는 마을 자치를 위해서는 읍, 면, 동장 직선제를 실현, 마을대학 설립을 위한 교육민회, 마을 돌봄이 가능해진 돌봄위원회를 추진하고자 했다. 경기도와 부평에서 마을교육공동체 운동에 참여한 차원에서 마을대학을 추진하는 마을교학연대 모임에 참여했다. 교학상장(教學相長)을 통해 큰 배움이 이루어지는 마을대학의 추진은 전국민회 안에 마을교학연대협동조합을 만들어 추진하고 있다. 2022년 3월에 천안 아우내 쉼플스테이에서 마을교학연대협동조합 준비모임이 열렸고 여기에서 내가 준비위원장으로 선임되어 마을대학설립을 위한 사업을 추진하고 있다.

그래서 내가 있는 부평에서부터 마을대학 설립을 추진했다. 우선 마을 기반 교육협동조합을 만들기 위해 준비모임부터 시작했는데 이는 마을교학연대협동조합의 지역 모임 위상으로 지역에서 마을대학을 추진하기 위한 모체가 되었다. 2021년에는 함께하고 있는 부평구의 마을교육 활동가(30여 명이 7개 동에서 참여)들이 '동네한바퀴'라는 마을 탐방 프로그램을 만들었다. 부평구에 있는 7개의 법정동을 중심으로 마을의 공공기관, 시장, 문화시설, 자연환경 등을 소재로 탐방하는 형식의 수업이다. 조별로 스터디 그룹을 만들어 PPT 자료를 만들고, 직접 탐방하며 시연 수업을 하고 이를 교재화 한 뒤 북부교육지원청 산하 학교들에 연계수업이나 창의 체험수업으로 제안하게 되었다. 물론 나는 부분적으로 참여하고 있지만 이러한 '동네한바퀴'라는 프로그램은 부평의 마을대학을 만들 때 필수적인 커리큘럼이 하나 완성된 것으로 해석할 수 있다. 전국민회의 이러한 방향과 사업들은 앞에서 말한 내가 하는 여러 마을 운동에 있어서의 전체적인 방향성을 제시하고 있기도 하다.

6) 인천주거복지센터를 통한 주거복지사업

2021년 3월에 함께 인천에서 민중교회 운동을 했던 박종렬 목사(전 송림사랑방교회 은퇴 목사, 인천주거복지센터 이사장)를 만나 주거복지 운동에 함께할 것을 권유받고 4월부터 인천주거복지센터 상임이사로 활동하게 되었다. 인천주거복지센터는 2010년에 설립되어 인천 지역사회에서 저소득층의 주거 문제는 물론 주거환경 개선에 관한 문제를 해결하기 위하여 공공과 민간의 주거복지 정책에 대한 정보제공, 주거 관련 상담, 사례 관례, 기타 필요한 서비스 지원 및 지원 연계 등 맞춤형 주거복지서비스를 제공하고 있다. 뿐만 아니라 주거권에 대한 사회적 인식을 높여 정책 변화의 기반을 만들기 위한 사업과 활동을 추진하고 있다. 현재 청년을 위한 사회적임대주택 사업을 운영하고 있고(간석동과 구월동 2곳에 있는 17채), 기초자치단체에 주거복지센터를 세우는 사업을 진행하고 있다.

 오늘날 주거 문제는 새로운 시대의 변화에 따라 훨씬 더 복잡하고 다양한 문제가 되었고 우리 사회의 가장 중요한 과제가 되었다. 특히 복잡하고 다양화된 주거 문제에 직면한 주거 취약계층의 주거복지 수요를 발굴하고 이들의 주거 문제를 통합적으로 해결하기 위해서는 모든 국민이 쉽게 이용할 수 있도록 지역적, 기능적으로 균형 있는 주거복지 전달체계가 구축될 필요가 있다. 이에 2015년 제정된 '주거기본법'에서는 지역 주민들이 주거복지 관련 정보제공 및 상담을 받을 수 있도록 국가 및 지자체로 하여금 주거복지센터를 둘 수 있도록 하고 있다. 하지만 현재까지 전국적으로 이러한 주거복지센터가 설치된 지역이 많지는 않은 상황이다. 전국적으로 약 220여 개의 기초지자체 중 주거복지센터가 설립 운영 중인 기초지자체는 38개에 불과하다. 서울에 25개 구 자치구에서 설립 운영 중인 상황을 고려하면 여타 기초지자체에는 거의 설치되어 있지 않은 실정이다. 특히 인천은 11개

자치구 중 2021년에 미추홀구에 처음으로 세워진 상황이다(현재는 운영이 중단되었다). 인천은 원도심과 신도시의 차이가 심하고 이에 따른 주거 문제도 심각한 상황이다. 대표적인 원도심 지역의 하나인 부평구로 인천주거복지센터가 올해 이전하면서 부평구에 주거복지센터를 설립함으로써 인천의 주거복지를 한 단계 향상시키는 효과를 볼 수 있다.

마침 작년에 인천사회서비스원에서 지원을 받아 "주거 취약계층의 주거복지 향상을 위한 연구-부평구 주거복지센터 설립을 중심으로"라는 연구과제를 수행했다. 대부분 부평 주거복지 네트워크를 만들어 진행했던 사업들을 정리한 것이지만 부평구의 주거복지센터 설립을 위한 청사진을 마련했다고 할 수 있다.

마을교육공동체 운동에 대한 추가적 설명

이미 앞에서 부평에서의 마을교육공동체 운동의 참여에 대한 이야기를 했지만 좀 더 이에 관해 상술하고자 한다. 왜냐하면 2014년 이후 현재까지 가장 많이 참여해 온 운동이고 그 속에서 다양한 역할을 담당하고 있기 때문이다. 그런데 마을교육공동체 운동에의 참여는 2014년 그해 교육감으로 당선된 이재정 경기도교육청교육감의 초청으로 '경기도교육연구원'의 초빙연구원으로 가면서부터이다. 사실 경기도교육원으로 가기 전까지 내가 활동한 것은 주로 기독교사회운동과 관련된 다양한 분야에서인데 이때 처음으로 교육 운동에 발을 들여놓은 것이다. 그 이후 계속해서 경기도교육청이나 인천교육청 그리고 여러 마을과 다양한 교육 운동 관계자들과의 교류와 협력 속에 일해왔다. 그런데 내가 참여한 교육 운동을 한마디로 정리하자면 바로 '마을교육공동체 운동'이다. 이것은 이재정 전 경기도교육청 교육감의 정책공약이기도 했지만 이후에는 교육 운동에의 큰 흐름으로 만들어져 지금은 경기도교육청뿐만 아니라 17개 시도교육청이 다 시행하고 있기도 하다. 연구원에서 마을교육공동체와 관련해서 두 가지 연구과제가 수행했지만 그보다는 전국 여러 곳곳에서 만난 마을교육의 현장이 내겐 더 큰 의미가 있다 하겠다.

1) 마을교육공동체 운동의 방향과 의미

마을이 하나의 학습생태계가 되면 언제, 어디서나 그리고 누구와도 배움이 일어나게 된다. 배움이 학교라는 틀에서 정체되거나 고립되는 것이 아니라 환경과 맥락 속에서 지역사회의 끊임없는 상호작용을 통해 학습자 스스로 경험하고 실천함으로써 배움이 이루어진다. 마을교육공동체 운동은 시대적 사회적 변화, 즉 지역 균형 발전, 마을만들기, 지역재생, 마을공동체, 사회적 경제, 협동조합, 공유경제 등과 궤적을 같이하는 교육적 흐름이다. 학교와 지역의 상생을 도모하고 지역의 교육적 역량을 강화하는 것이기 때문에 교육 운동이 사회운동으로 확대되고 있다.

코로나19는 문명의 총체적 문제가 드러난 산업혁명의 부산물이다. 기술문명의 세계관은 사람 중심주의인데 문명 전환의 길목에 위치한 우리는 코로나 이후의 문명적 변화를 겪고 있는 세계에서 탈인간중심주의, 생태주의에 관심을 가져야 한다. 교육에서도 생태적 교육학을 요청한다. 생태 교육학은 인간과 인간, 인간과 자연의 상생적 관계를 새롭게 인식하고 자연을 존중하는 교육 실천에 관심을 두어야 한다. 이는 인천교육청의 생태 전환 교육과 맥락을 같이한다. 기후 위기 대응을 위한 학교 환경 교육 활성화 조례를 제정하고, 학교 숲 조성, 학교 텃밭 활성화, 햇빛발전소 운영이 필요하며, 슬기로운 탄소중립 실현을 위한 생태 전환 교실을 운영한다.

대전환의 시대 전환마을교육공동체와 전환 학교가 필요하다. 이제는 기후변화의 시대 안전 문제의 제기 속에 미래의 지속가능성을 담보할 수 없다. 생태적 전환이 필요하다. 빈부격차와 가족해체의 가속화는 교육 해체의 가속화를 가져온다. 삶을 나누고 공유하는 공동체적 사회에 대한 비전을 가져야 한다. 오늘날 아동 청소년의 정서발달과 사회성 발달의 지체로 새로운 장애와 온갖 증후군이 나타나고 있다. 이미 이 사회에는 휴대폰과 게임에 중독되고, 입시교육의 패배자로 낙인찍히고, 학교폭력과 왕따에 무방비 상태로 노출되어, 학생들이 가치 있는 존재로서의 가치관이 사라지고 있다. 파괴되고 해체된 사회와 가정의 영향으로 '3무(무기력, 무감각, 무의미)의 세대'로 전락한 청소년들이 자발적 주체적 개인으로 회복할 수 있도록 돕는 교육이 필요하다. 이를 위해서는 민주시민으로의 자발성과 사회적 책임감을 키우고, 인문 철학적 사고를 통해 세계관의 전환을 촉진하는 교육이 필요하다. 이것은 개인의 영적 감수성과 사회적 감수성의 조화를 통해 존재적 의미와 가치를 성숙시키는 근원적 교육이기도 하다.

혁신교육지구와 마을교육공동체 운동은 '공교육 개혁의 르네상스'이며 '마을공동체의 르네상스'라고 불릴만하다. 마을교육공동체는 일반 자치와 교육 자치 그리고 주민 자치의 만남을 이어주는 계기를 만들어 가고 있다. 마을학교는 관료적 학교 체제의 붕괴, 가족해체, 지역사회의 파편화를 극복하기 위한 방파제로 기능할 수 있다. 마을학교란 '좋은 마을을 만드는 기지'와 같은 것이다.

2) 마을교육공동체 운동에의 참여

2014년부터 경기도교육연구원에서 초빙연구위원으로 있으면서 마을교육공동체에 관한 두 가지 연구를 진행했다. "마을교육공동체 해외 사례 조사와 정책 방향 연구"(2016)와 "미래 사회의 마을교육공동체 발전 방향"(2017)이다. 이외에도 사립학교를 연구한 "기독교학교의 자율성과 공공성 제고 방안 연구"(2015), 평화교육을 연구한 "평화교육 사례 분석 및 실행 방안 연구"(2017)도 있다. 『마을교육공동체운동:세계적 동향과 전망』(살림터, 2019)은 해외 사례 연구를 토대로 공저한 책이다. 이러한 연구를 바탕으로 학교나 여러 기관, 지역 교육청 등에 초청받아 마을교육공동체에 관한 강의를 하기도 했다.

2018~2019년에는 NCC교육위원회 위원장으로 활동하며 지역에서 교육에 관심 있는 목회자들과 교육감의 대화 모임을 9개 교육청—경기, 서울, 인천, 충남, 충북, 세종, 부산, 전북, 전남—에서 진행했다. 10개 지역 NCC에서 교육세미나를 주관했고, 2019년 10월에는 전환마을 운동을 주제로 영국의 토트니스(Totness)에 해외연수를 다녀오기도 했다.

2019년 6월부터 경기도교육청에서 시민감사관으로 4년간 활동하면서 유치원과 초중고, 교육지원청과 직속 기관 150여 곳의 실지 감사에 참여하면서 마을교육공동체, 학생 인권, 학부모 교육, 교육복지

등에 관한 정책들이 교육 현장과 일선기관에서 어떻게 실행되고 있는가를 살펴볼 수 있는 기회도 가졌다. 시민감사관 활동 중에도 "경기도교육청 시민감사관 발전 방안 연구"(2020)라는 주제로 연구도 진행했다.

2021년부터 코로나19가 본격화되면서 거주하고 있는 인천(부평)에서 활동하게 되면서 마을교육공동체 운동을 내가 사는 동네에서 실천할 기회를 갖게 되었다. 부평구에서 마을교육활동가양성교육에 참여하고, 공모사업으로 인천교육청의 마을교육학습공동체와 부평구청 평생학습과에서 주관하는 마을학교(하하역사문화교실)을 진행하게 되었다. 2022년에는 교육청의 교육협동조합 공모사업도 진행했는데 이를 토대로 올해 1월에 부평마을대학협동조합이 창립되었다.

2021년 10월에 창립한 '직접민주주의와 마을 자치를 위한 전국민회'의 교육분과위원장으로 마을대학 운동을 시작했다. 마을대학 운동은 일종의 대안적 평생교육 프로그램이라 할 수 있는데 현재 전국의 20여 개 지역에서 마을대학협동조합 설립을 추진 중이다.

3) 인천시 교육청 마을교육공동체 담당관으로 참여

2014년 4월부터 인천시교육청에서 마을교육공동체 담당관으로 일하게 되었다. 경기도교육청에서 시작된 마을교육공동체 운동 참여가 부평2동에서의 마을에서의 실천으로 이어지다가 마침내 인천 지역에서의 전체적 실천으로 확대된 것이라고 보면 된다. 담당관으로 일하면서 인천교육청의 마을교육공동체 사업에 대한 전반적인 진단을 하면서 기본적으로는 마을교육공동체의 네트워크를 구성하는 데 중점을 두었다.

인천교육청의 마을교육공동체 사업에 대한 진단

— 마을교육학습공동체(2024년 60개) 2025년에는 일몰 사업으로 폐지되고 마을교육 활동가 역량 강화 사업으로 전환
— 마을학교와 주말학교: 마을학교는 지자체(예산 50% 교육청 지원), 주말학교는 교육청에서 운영, 현재 마을학교도 주말형으로도 진행
— 교육혁신지구 사업: 교육청과 지자체(강화군, 계양구, 남동구, 동구, 미추홀구, 부평구, 서구, 연수구)와 MOU 체결하여 마을학교와 마을교육공동체 사업 진행
— 우리마을교육자치회: 주민자치회와 행정복지센터 그리고 당해 동 소재 학교와의 MOU를 통한 민관학 거버넌스 구축과 교육과 관련된 협력사업, 현재 30개 동에서 구성됨
— 마을교육 후견인: 개인 위촉하여 필요한 학생들과 상담 및 동반 활동
— 마을교육협동조합: 학교형 마을형으로 나누어 추진, 2025년에 마을형은 신규 2곳 기존 4곳 선정하여 사업 진행 예정
— 인천시교육청 산하 8개 도서관(북구, 중앙, 부평, 주안, 화도진, 서구, 계양, 연수)의 평생학습 프로그램과 학습동아리 운영

군·구별 마을교육공동체 네트워크 추진에 대하여

— 2024년 마을교육학습공동체 컨설팅(56곳)을 통하여 마학공 지역별 네트워크의 필요성 절감, 나아가 앞에서 말한 마을교육에 관한 다양한 사업에 참여하는 마을교육 활동가들의 교류와 역량 강화를 위한 네트워크가 필요하다는 것에 공감(24년 12월 마학공 대표자 모임에서 제안) 장기적으로는 마을공동체 활동과도 결합되어야 한다.
— 군·구별 마을교육공동체 네트워크는 단계적으로 추진한다. 먼저 작년에 논의된 마학공 대표자들 중심으로 시작하여 마을학교와 주말

학교 그리고 여타 마을교육 활동 관련자들로 확대한다.
― 군·구별 마을교육공동체 네트워크는 2025년 교육혁신지구 사업에서 마을교육 활동가 역량 강화 사업과 결합하여 진행한다. 군·구별로 네트워크 모임을 구성하고, 실무를 지원할 기관 및 단체를 선정하여 사업 집행을 책임지게 하며, 자문단을 구성하여 활동에 도움을 주고, 민관학거버넌스(교육지원청 장학사, 지자체 주무관, 교사, 마을교육 활동가, 교육청 담당자)를 통하여 구성하여 사업 집행에 도움을 준다.
― 내년에 분구될 예정이지만 교육여건을 감안하여 중·동구는 제물포구로, 영종구는 따로 네트워크를 조직한다.

군·구 마을교육공동체 네트워크의 활동 방향
― 마을교육공동체 활동가들의 정보 교환과 친교
― 마을교육공동체 활동가 역량 강화 사업에 대한 논의와 실행
― 지자체와 교육지원청과의 소통 및 협력
― 교육청이 주관하는 전체 성과보고회 참여

군·구 마을교육공동체 네트워크 2025년 사업 방향
― 현재 군·구별로 활발하게 논의 중, 대략 마을학 공부를 기반으로 생태, 역사, 그림책 놀이, 진로 교육 등 다양하게 적용하는 프로그램으로 제안됨
― 프로그램 예시 별지 참조

군·구 마을교육공동체 네트워크의 구성(아래 표 참조)

자문단: 김상태(인천사연구소소장) 김자영(인천지역사회교육협의회 회장) 민혁기(온마을로사회적협동조합이사) 박상문(열린시민포럼대표) 박영대(전 미래교육위원회위원장) 유동현(전 인천시립박물관장) 유종반(생태교육일항이사장) 윤종만(마을과이웃고문) 조부연(인천광역자활센터소장) 최세원(계양마을공동체네트워크공동대표) 최정학(희망날개네트워크대표)

인천시 교육청: 김영철(마을교육공동체 담당관) 김윤희(교육혁신지구 담당 장학사)

〈도표 2〉 인천 군 – 구 마을교육공동체 네트워크 운영위원회 구성

권역별	군·구 별	운영위원회 구성원	대표	실무기관
동부	남동구	7명	최주희	AMIGO
	연수구	16명	유혜숙	사회적협동조합 이소
서부 (강화)	서구	9명	신정혜	검단메이커스사회적협동조합
	강화군	4명	신희자	강화군 마을공동체네트워크
남부	미추홀구	12명	정은주	인천역사문화단 + @
	제물포구 (중, 동구)	4명	최주혜	인천의재발견
	영종도구	8명	최은주	인천의재발견
북부	계양구	7명	김명선	드림위버협동조합
	부평구	10명	황중숙	미추홀랩

IV. 나가는 말

길다면 길고 짧다면 짧다고 할 수 있는 내 삶을 돌아보니 세 가지 키워드가 떠오른다. 기독교, 사회, 그리고 교육이다.

첫 번째 키워드는 기독교이다. 부모님의 신앙을 이어받아 교회를 다니게 되었고, 이후에는 목회자가 되어 살아오며 다양한 목회와 선교 활동을 해 왔다는 점에서 그렇게 말할 수 있다. 내가 살아오며 다녔던 교회만 해도 여러 곳이다. 고향의 송라교회, 부평의 동부교회와 대광교회, 내가 개척한 고백교회 그리고 담임했던 토론토 임마누엘한인교회와 새민족교회 마지막으로 현재 다니고 있는 타원형교회 등이다. 그 한곳 한곳마다 긴 스토리가 있다. 대학생 때부터 참여했던 다양한 기독교사회운동은 두 번째 키워드인 사회와 연결된다.

두 번째 키워드는 사회이다. 대학 이후의 내 삶에 있어서 가장 중요한 화두는 사회적 차원이 있는 삶이라는 것이었다. 이는 대학에서 정치학을 전공하게 되고, 기독교 학생청년운동에 참여함으로 구체화되었다. 목회자가 된 뒤에는 민중교회 운동과 작은교회 운동 그리고 다양한 생명평화 선교에 참여했는데 이는 기독교사회운동의 다양한 실천이라 할 수 있다. 기독교사회운동의 실천은 당연히 우리 사회 전반의 변화와 개혁을 추구하는 일반 사회운동에 복무하고 연대한다.

세 번째 키워드는 교육이다. 2014년 경기도교육연구원과 인연을 맺으면서 시작되어 경기도교육청의 시민감사관, 마을대학협동조합 전국위원장, NCCK 교육위원장 그리고 인천교육청 마을교육공동체 담당관에 이르기까지 교육과 관련된 활동이 현재까지 이어진다는 점에서다. 교육에서도 마을교육 공동체 운동과 민주시민 교육에 초점이 맞추어져 있긴 하다.

그런데 이러한 내 삶의 키워드는 방향성보다도 그 안에서 만난 사람들이 더 중요할 것이다. 이러한 모든 기독교사회운동과 교육운동은 어차피 사람들이 연대해서 하는 것이기 때문이다. 돌아보니 교회와 관련해서 참으로 많은 목회자와 평신도를 만났다. 사회운동의 현장에서 만난 다양한 사회운동가도 많다. 교육운동을 하면서 만난 교사와 학부모들도 마찬가지이다. 그러한 사람들 가운데 이 글에서 언급하지 못했던 분들이 훨씬 많을 것이다. 그런데 그런 분들 가운데 내 삶에 직-간접적으로 영향을 주거나 도움을 준 분들도 무수히 많다. 어쩌면 내 삶을 지탱하는 데에 어떤 역할을 해 준 분들도 분명히 있을 것이다. 그래서 미처 이름을 언급하지 못한 무명의 그들에게도 감사를 드리고 싶다.

김영철 연표

1958. 6. 26.	경북 영일군 송라면 광천리 출생(부 김용우 모 이원향)
1969. 11.	인천 부평으로 이사
1970. 2.	부평동초등학교 졸업
1973. 2.	부평동중학교 졸업
1976. 2.	서울고등학교 졸업
1976. 3.~1983. 2.	성균관대 법정대학 정치외교학과(정치학사)
1979. 1.~1981. 7.	육군21사단 65연대 근무(육군하사)
1984. 3.~1988. 2.	장로회신학대학교 신학대학원(교역학석사)
1987. 1~1987. 12.	인천기독청년협의회(EYC)회장, 재직 중 집시법 위반으로 구속
1989. 10.	대한예수교장로회 인천노회에서 목사안수
1989. 4.~1999. 8.	인천고백교회 개척 및 담임목사
1993. 3.	산업평화에 기여한 공로로 국무총리상 수상
1999. 8.~2000. 5.	미국 Western Theological Seminary(신학석사)
2000. 9.~2008. 8.	캐나다 토론토대학 낙스칼리지(Ph.D., 기독교사회윤리학)
2005. 1.~2007. 5.	임마누엘토론토한인연합교회 담임목사
2008. 8.~2013. 5.	서울 새민족교회 담임목사
2013. 5.~2014. 6.	기독교사회문제연구원 부원장
2014. 6.~2017. 12.	경기도교육연구원 초빙연구원
2018. 1.~2019. 12.	NCC교육위원회 위원장

2019. 6.~2020. 5.	경기도교육청 시민감사관
2019. 1.~현재	인천민주화계승사업회 이사
2022. 12.~현재	사단법인 부평광장 이사장
2024. 4.~현재	인천광역시교육청 마을교육공동체 담당관
2024. 5.~현재	부평마을공동체네트워크 대표
	인천마을공동체네트워크 공동의장

2부

―

지금 여기까지 살아오면서

이승용

I. 어린 시절

1962년 불광동에서 태어났다. 아마도 지금의 독바위역과 불광초등학교 사이쯤일 것이다. 위로는 누나와 형이 있고 나는 막내로 태어났다. 우리 집과 초등학교 중간쯤에 성서침례교회라는 교회가 있었다. 그곳을 떠난 지 50년 가까이 되어가는데, 왜 그 교회 이름을 기억하는지는 나도 잘 모른다. 한 번도 다녀본 적 없었는데 신기하게도 교회 이름이 기억난다. 그것은 아마도 초등학교 1, 2학년 시절에 내가 보기에 가장 큰 건물 중 하나였고, 걸어서 학교를 가다 잠시 건물 그늘에 쉬어 갔던 곳이어서 그렇지 않았을까? 인터넷으로 검색해 보니 지금도 남아 있고 건물은 특별히 새로 짓지 않았는지, 내 어린 시절의 기억과 그리 다르지 않은 모습 그대로 거기에 있다.

우리 동네 바로 옆에는 인왕산 줄기와 연결되는 산이 있었다. 어렸을 때는 화강암의 큰 바위만 민둥민둥한 볼품없는 산이었는데 지금은 나무가 우거지고 국립공원이 되었다. 그 바위 많은 민둥산과 우리 집 사이에는 작은 개울물이 있었다. 하지만 지금은 그 흔적을 찾아볼 수 없을 만큼 확실하게 복개 공사가 되어 있다. 아스팔트 길과 지하철이 운행되고 있으니 아마도 다시 복원되기는 어려울 것이다. 어린 시절에는 거기서 미꾸라지 정도는 잡은 기억이 있고, 겨울이면 썰매를 탔던 기억이 있다. 학년이 좀 높았던 아이들은 나무 판때기에 외줄로 된 철사를 장착하고는 긴 작대기로 서서 썰매를 탔고, 어린 초등생들은 두 개의 굵은 철삿줄로 된 썰매에 책상다리를 하거나 쪼그려 앉아 썰매를 탔다. 개중에 뭔 재주가 좋았든지 아니면 좀 부유하다고나 할

아이들은 철사가 아니라 녹슨 스케이트 날을 네모난 나무 판때기에 붙여 타기도 했었다. 그러나 무엇보다 나에게 가장 많은 추억을 선사한 것은 아마도 그 바위투성이의 민둥산이었다. 거기서 동네 아이들은 부서진 사과 상자 나무쪼가리나 길거리에 돌아다니는 나무 빗자루 봉을 들고는 커다란 바위 밑을 뭔 전쟁터 사령부 마냥 만들어 놓고 전쟁놀이를 밤이 새는 줄 모르고 놀았다. 틈만 나면 동네 아이들과 산에 가서 이리저리 뛰어다녔다. 그리고 여름이면 그 산줄기를 타고 진관사까지 걸어갔고, 큰 바위 사이에 난 작은 물웅덩이에서 팬티만 입거나 발가벗은 채 물놀이에 정신이 없었으니 어려서부터 난 산을 좋아했는지 모른다.

불광동을 떠난 것은 아마도 초등학교 3학년 무렵이었을 것이다. 다른 어느 곳보다도 불광동을 많이 떠올리는 것은 내가 태어났을 뿐만 아니라 가장 오래 산 곳이기도 하고 부모님과 형제들 그리고 골목이나 산, 개울가에서 동네 친구들과 재미나게 놀았던 유일한 곳이어서 그런지 모른다. 불광동을 떠난 이후로 나는 대조동, 수색, 천호동, 노량진, 가리봉동, 무악재 고개, 북아현동 할 거 없이 서울 변두리 대부분을 이사 다니며 살았다.

불광동을 떠나게 된 이유는 아버님이 하시던 일이 잘 안되어서 이사간 것으로 기억한다. 대조동에 잠깐 살며 대조초등학교로 전학을 갔다. 그리고 다시 경제적인 어려움 때문이었을까 두 해 정도 있다가 수색으로 이사 갔고 수색초등학교로 전학을 갔다. 대조초등학교에서의 기억은 별로 생각나는 것이 없다. 학교 앞 문방구에서 장난감 구경하는 정도이다. 아마도 그것은 집안 형편이 어려워지면서 기억 자체를 하고 싶지 않아서였을지 모른다. 그러나 수색초등학교의 기억은 특별하다. 거기에는 정말 양철로 된 교실이 있었다. 지금 내 기억에는 붉은 벽돌로 된 건물 두 채와 둥근 깡통을 반으로 자른 반원 모양의 건물로 된 교사가 있었다. 기억이 맞는지 잘 모르지만, 들었던 이야기로는 미군이 지어준 교실이라는 이야기가 있었다.

수색은 경기도와 맞닿는 경계 지역이다. 지금은 상암DMC가 들어서서 꽤 번화한 지역이 되었지만, 내가 초등학교 시절에는 검은색의 목조건물인 일본 관사가 꽤 많이 있었고 서울 중심부에서 밀려난 사람들이 많이 살았다. 수색역에서 화전 쪽으로 가다 보면 기차 차량기지가 있었다. 내 기억으로는 거기가 우리나라 대부분의 기차를 수리하는 장소였던 것 같다. 음… 이 기억은 정확한 것은 아닐 수 있겠다.

수색초등학교에 대한 기억 중 늘 재미있게 생각나는 기억은 겨울이다. 겨울이면 언제나 갈탄 난로로 난방을 하는 데 항상 갈탄이 모자라기 일쑤였고, 일정 시간이 지나면 초등생들이 교실에서 나와 추위를 조금이라도 이겨보고자 양지바른 그 양철지붕으로 된 교사 벽 쪽에 일렬로 쭉 붙어서는 일명 돼지싸움이라는 것을 쉬는 시간 내내 어깨를 서로 밀쳐대고 낑낑거리며 힘을 쓰면서 낄낄대며 장난을 치고는 했다. 그러나 무엇보다 내가 수색초등학교를 특별히 기억하는 것은 거기서 아버님이 돌아가셨다는 것과 이듬해 초등학교 졸업과 동시에 그 이후로 수없이 이사 다녀야만 했다는 것이다.

II. 가족

나의 아버지

　부모님은 내 인생의 많은 부분을 차지하고 있다. 부모님에 대한 기억은 내 청소년기부터 지금까지 한 번도 지워진 적이 없다. 청소년기 아버님에 대한 기억은 내게 무서운 존재로 자리하고 있었다. 그것은 아버지가 내게 무섭게 대했거나 한 것이 아니라 아주 큰 몸집을 가지셨기 때문이다. 당시에 100킬로가 넘는 몸무게를 지니셨다. 그것 외에는 내게 무서운 존재는 아니었다. 오히려 내가 막내였기 때문에 유독 귀여워해 주셨다. 뿐만 아니라 아버님은 비교적 가정적인 분을 넘어 매우 지극히 가정적인 분이었고 엄마에 대한 사랑은 지극할 정도를 넘어 거의 팔불출에 가까우셨기 때문에, 경제적 어려움과는 관계없이 우리 집은 행복한 가정이었다. 팔불출이라는 단어도 내가 만들어 낸 게 아니다. 그 단어는 외갓집 어른들이 아버지에게 붙여주신 단어였다.
　내가 초등학교를 입학하기 전이었을 것이다. 내 어린 시절 부엌은 요즘처럼 식탁과 주방이 한 공간에 있지 않았다. 부엌과 방이 분리되어 있었고, 따뜻한 물을 쓰기도 힘들었다. 그렇게 겨울이 오면 아버님은 엄마의 손이 시릴까 봐 부엌 한가운데 난로를 설치하셨고 그 위에 물을 데워서 항상 따뜻한 물을 사용할 수 있도록 하셨다. 아버님은 술과 돼지고기를 유난히 좋아하셨던 것으로 기억하는데, 이런저런 이유로 시장은 아버님이 보시는 경우가 많았다. 지금이야 승용차 몰고 카트에 아이들 태워 가족끼리 대형 할인 매장 가는 게 평범한 일상이 되었지만, 당시에는 남자가 장을 보는 일은 찾아보기 어려웠다.

가장 결정적인 장면은 부부싸움이다. 내 기억에 부부싸움을 하는 장면도 사실 기억에 거의 없다. 아마 한두 장면 정도로 생각하는데, 그것도 그리 오래가지도 못했다. 아버님이 큰소리를 치시다가 엄마가 눈물을 흘리면 그것으로 부부싸움은 더 이상 진행되지 않았기 때문이다. 엄마의 눈물은 곧 그 부부싸움에서 엄마의 승리로 끝을 맺었기 때문이다. 엄마의 눈물은 아버님을 쩔쩔매게 만들었다. 아버님이 밖에서 술을 드시고 오시는 날은 나에게는 거의 축제와 같았다. 언제나 과자와 사탕, 술 취함과 노래와 엉성한 춤이 함께했기 때문이다. 흔히 볼 수 있는 가정 폭력에 가까운 술주정의 모습은 내 기억에는 남아 있지 않는다.

6학년 겨울 방학을 앞두고 갑자기 담임 선생님이 나를 교무실로 불렀다. 특별한 말씀 없이 빨리 집으로 가라는 것이었다. 나는 영문도 모른 채 가방을 주섬주섬 챙기고는 집으로 갔다. 희미한 기억에 택시를 타고 누군가와 함께 당시 명동에 있던 백병원 응급실로 갔다. 거기 응급실 침대에 아버님이 누워계셨고 옆에는 엄마가 울고 있었다. 그리고 응급차로 다시 수색 집으로 왔다. 전체적인 기억은 잘 나지 않는데, 집에 와서는 아버님을 이불에 눕히시고 마지막 모습을 보기 위해 어른들이 나를 불렀다. 아버지의 눈에는 누런 종이 같은 것이 붙어 있었다. 내가 얼굴 가까이에 이르자, 그 누런 종이 같은 것을 벗겨내었다. 그때 아버님의 얼굴을 보았는데, 눈동자가 보이지 않았다. 아마도 눈동자는 뒤로 돌아간 것 같고 눈동자 없는 허연 눈의 모습만 하고 계셨는데, 그 눈동자의 모습이 당시에 내게는 무척 무섭게 느껴졌다. 아버지의 그 검정 눈동자는 보이지 않고 허연 눈만 본 나는 그 모습 자체가 무서웠다. 아버님이 돌아가셨는지, 그래서 슬픈지 어떤지에 대한 감정보다 그저 그 눈동자가 무서웠다.

얼마 지나지 않아 친척 어른들이 하나둘씩 모이기 시작했고, 외가 쪽 여성 어른들을 중심으로 큰 곡소리가 울리기 시작했다. 나는 아버님의 그 눈동자와 곡소리가 내 머리에서 떠나지 않았다. 막연한 두려움으로 슬픔보다는 그 자리를 떠나고만 싶었다. 내게 아버님의 마지막 모습에 대한 두려움은 청소년기 내내 나를 괴롭혔다. 그러나 그 마지막 모습을 본 것이 얼마나 다행이었나 하는 감정과 감사함을 가지게 된 것은 50을 훌쩍 넘긴 나이가 되어서야 알게 되었다.

3일장이었는지 5일장이었는지 기억이 나지 않는다. 아버님의 관은 벽제 화장장으로 향했다. 영구차에서 아버지의 관이 내려질 때 온몸으로 관을 붙잡고 오열하시던 어머님의 모습이 기억에 생생하다. 그 기억은 내가 죽더라도 다시 떠오를 것이다. 하얀 소복을 입고, 목이 쉬어라 우시며 몸부림치시던 어머님을 잊을 수가 없다. 그렇게 혼절에 가깝게 우시는 모습을 그 이전에도 그 이후에도 그 어디서도 나는 본 적이 없었다. 어른들은 그 곁에서 도저히 관을 움직이지 못했고 나도 움직일 수 없었다. 아버님은 그렇게 벽제 화장장에서 한 줌 재로 사라지셨다.

나의 어머니

어머니를 생각하면 늘 그 따스한 등이 생각난다. 늘 나를 업고 다니셨다. 어머니의 등과 내 사이에는 늘 보드라운 실크 같은 느낌의 옷감의

나의 아버지와 어머니

감촉이 떠오른다. 그 옷감을 통해 전해지는 어머니의 체온이 아마도 내 인생을 관통하는 어머니의 기억일 것이다. 나는 집에서 막내 특유의 특혜 속에서 자랐다. 언제나 어머니의 치마폭에서 살았고 잠을 잘 때도 어머니의 팔베개를 떠나본 적이 없었다. 시장을 갈 때도 늘 나를 데리고 다니셨다. 심지어 오징어를 먹어도 어머니가 먼저 씹어서 질기지 않은 상태가 되면 그걸 내 입에 넣어주셨으니 지금 생각해 보면 어지간히 아기 취급받은 걸 생각하면 내가 얼마나 황당한 응석받이 어린 시절을 보냈는가 하는 생각이 든다.

어머니에 대한 극적인 기억은 아버님의 죽음으로부터 시작된다. 아버님이 돌아가시고 난 후, 가정의 경제생활은 모두 어머니에게 돌아갔다. 어머니는 처음으로 생업 전선에 뛰어들었다. 하지만 아버님이 돌아가시면서 남긴 재산이라고는 거의 없었다. 그 당시 우리는 수색에 살았는데, 노량진에 큰이모님의 아들과 딸, 그러니까 어머니의 입장에서는 조카들이 아직 결혼을 하지 않고 살고 있었다. 딱히 어디 기댈 곳이 없었던 어머니는 우리를 데리고 큰이모님의 조카들과 같이 살았다. 사촌 형들과 사촌 누나들, 나와 형, 누나, 엄마와 같이 살았다. 그리고 어머니는 누구의 소개로 하게 되었는지 모르지만, 동대문 시장에서 면티나 바지와 같은 것을 잔뜩 사다가 머리에 이시고는 시골 장을 돌아다니며 옷을 팔러 다니셨다. 한 해인가 정도 사촌 형제들과 살다가 방 하나를 얻어 우리 식구들끼리 살게 되었다. 그게 지금의 가리봉 오거리 공단 지역이었다. 거기에는 외사촌 누나가 결혼해서 미장원을 하고 있었다. 방 하나와 부엌 하나. 그런 방이 일렬로 10~15개 정도 줄지어 있었다. 후에 알았지만 그런 방들을 닭장이라 부르곤 했다. 공단 지역에는 어딜 가나 그런 집이 많았다.

거기서 미장원 하던 외사촌 누나의 알선으로 핫도그를 튀겨서 파는 포장마차를 했다. 포장마차는 주로 엄마와 형이 대부분의 일을 했다. 말이 핫도그지 속에 소시지나 햄은 전혀 들어 있지 않았다. 그저 나무젓가락에 밀가루를 입혀 간단히 튀겨내면 손가락 굵기의 소시지 모양이 나온다. 그걸 다시 밀가루옷을 입혀 튀겨내면 핫도그와 같은 모양이 되었다. 그때는 몰랐지만 그 핫도그는 그 주변 공장에 다니던 여공들의 점심 주식이었다. 오전에 기름통에 쇼트닝 덩어리를 녹이고 전날 이스트와 베이킹파우더를 신화당과 반죽하여 숙성 시킨 밀가루를 나무젓가락에 1차로 손가락 크기로 튀겨낸 다음 쌓아놓고 점심 시작 전에 다시 반죽한 밀가루를 입혀서는 튀겨대기 시작했다. 그러면 그게 부풀어 올라 웬만한 어른 주먹보다 약간 크게 튀겨졌다. 점심이 되어 여공들이 쏟아져 나오면 주변에 거의 20여 개 되는 우리와 유사한 포장마차들이 영업을 시작했다.

현금을 주고 사 먹는 사람들도 있었지만 내 기억으로는 대부분 공장에서 나누어주는 식권으로 핫도그를 사 먹었다. 얼핏 기억에 식권 하나를 주면 속이 텅 빈 밀가루떡에 가까운 핫도그 두 개와 10원을 더 주었다. 아마도 여공들은 그 10원을 절약하여 시골 고향 집에 보냈을 것이다. 기억이 확실한지, 좀 애매하다. 아마도 식권은 30원이었던 것 같고 핫도그는 10원으로 기억한다. 나중에는 호떡도 팔았으나 호떡은 잘 팔리지 않았다. 아마도 호떡 안에는 설탕이 들어갔고 당연히 그 밀가루떡에 가까운 핫도그에 비해 값이 더 나갈 수밖에 없었기 때문이다. 어머니의 건강은 좋지 않았다. 어머니가 일을 나가기 어려워지게 되면 그 일은 중학생이었던 나와 형이 도맡아서 했다. 가리봉 오거리 공단에서 얼마를 살았는지 정확히 기억나지 않는다.

다음으로 이사간 곳은 무악재 고개 위 산꼭대기였다. 거긴 정말 고바위였다. 계단이 얼마나 많았는지 모른다. 거기서 몇 개월을 살고 있었는데 갑자기 철거 명령이 떨어져서 또 이사를 가게 되었다. 갑자기 내려진 철거 명령에 갈 곳을 찾지 못한 사람들은 아직 철거되지 않은 집에 여러 가구가 모여 살았다. 방 하나에 무려 서너 가구가 함께 살았는데, 잠을 잘 때면 과장하나 안 붙이고, 조금의 부풀림 없이, 살이 부딪혀 옆으로 누워 칼잠을 자야 했다. 아마 방 하나에 스무 명이 가까이 함께 잠을 잤을 것이다. 그곳은 지금 흔적도 없다. 그 동네 앞쪽으로 금화터널이 뚫렸기 때문이다. 한참 후에 들은 근거 없는 소문으로는 당시 박정희가 전쟁 날 것을 대비해 급히 도망을 가게 되면 바로 김포공항으로 직행할 수 있도록 터널을 뚫었다는 이야기도 있었다.

어떤 이유에서 뚫었는지는 모르지만 그 동네에서 일주일 정도 지내고 산 건너편 꼭대기 달동네로 다시 이사를 갔다. 고개를 넘어 반대편인데 계단보다는 가파른 언덕길로 되어 있었다. 겨울이 되어 눈이 많이 내리면 길 중앙은 너무 미끄러워 걷기도 힘들었고, 미끄러움을 방지하기 위해 항상 연탄이 부서져 있곤 했다. 눈이 많이 와 길이 얼어버리게 되면 길 중앙이 아니라 길가를 따라 걷고 걸어 언덕 끝에 있는 집으로 갔다. 집 뒤에 맞닿아 산이 있었다. 바위투성이의 산이었는데 이유는 잘 모르지만, 그 집은 후에도 내 꿈에 가끔 등장하는 집이 되었다.

거기서 어머니는 파출부 일을 하셨다. 여러 집을 다니셨는데, 그중에 어떤 약국집은 매주 한두 번씩 고정적으로 가셨다. 어느 날인가 그 집에서 어머니가 케이크 한 조각을 들고 오셨다. 그 주인집 아들 생일이었는데, 한 조각을 어머니에게 드렸고 어머니는 내 생각이 나서 그것을 가지고 오셨다. 케이크를 먹으며 가만히 그 집 아들에 대해 이야기를 듣다 보니 그 아이가 같은 중학교에 다니는 친구였음을 알았다. 나에게 꼭 케이크를 먹여주고 싶었던 어머니와 그 약국집을 생각하면서 속으로 얼마나 눈물이 났는지 모른다.

나중에 생각한 것이지만 당시에는 교통편이 지금처럼 좋지 않아 어머니의 일터는 대부분 서대문구, 지금의 은평구로서 내가 다니는 학교 근처의 집들이었다. 거기서도 그리 오래 살지는 않았고 겨울을 나고는 북아현동 쪽으로 또 이사를 갔다. 어머니는 파출부 일이 힘드셨는지 그 일을 1년 남짓하고 나서 그만두셨던 것 같다. 북아현동 쪽으로 이사 와서는 파출부 일을 그만두고 떡 파는 일을 하셨다. 절편이나 앙꼬가 든 송편 같은 것을 술집을 돌며 떡을 파셨다. 만일 떡을 팔다가 남게 되면 그것이 내 저녁이 되곤 했다. 그 기억 때문인지 젊은 날에 술집에서 떡이나 껌을 팔려고 아주머니가 들어오면 나는 빈 주머니에도 꼭 떡을 사거나 껌을 샀다. 어떤 때는 껌을 서너 개씩 사기도 했다. 요즘에는 그런 날품 파는 사람은 볼 수 없게 되었지만.

어느 날 어머니가 형에게 맥주 몇 병을 사 오라고 하셨다. 누나와 형 그리고 나를 앉혀놓으시고는 맥주를 한 잔씩 주셨다. 거기서 나만 맥주를 마시지 못했다. 나는 그냥 맹물을 먹었다. 어머니는 우리에게 자신이 하고 싶은 것이 무엇인지 물어보셨다. 누나는 다니던 대학을 계속 다니겠다고 했고, 형은 학교 다닐 생각이 없다고 했다. 나는 어머니가 도대체 무슨 의미로 말씀하시는지 몰라서 아무 대답을 하지 않았다. 결국 형만 중간에 학교를 중퇴 하고 이후에 공사장을 전전하게 되었다. 나와 누나만 학교에 남게 되었지만, 그 일이 있고 나서 한 달이 채 되지 않아 어머니가 돌아가셨다. 내가 고등학교 1학년 여름 방학 때였다. 그때까지도 나는 어머니 팔베개와 품속에서 잠을 잤다. 그것은 내가 막내의 특권을 누리기 때문만이 아니라 어차피 손바닥만 한 방 하나에 네 식구가 다 쪽잠을 자야 했기 때문이기도 했다.

그 일이 있은 후, 며칠이 지나서 새벽에 갑자기 누나가 나를 깨웠다. 함께 잠을 잤는데 갑자기 어머니가 혼수상태에 빠지신 것이다. 누나는 나더러 빨리 동네 병원에서 의사를 데려오라고 했다. 나는 너무 놀라 대강 옷을 주섬주섬 걸쳐 입고는 밖으로 나가 여기저기 뛰어다녔다. 그러나 문이 열려 있는 동네 의원을 찾을 수가 없었다. 한참을 돌아다녔다.

검었던 날이 훤히 밝기 시작했다. 몇 시간을 돌아다니며 여기저기 문을 두드려도 문을 열어주는 동네 의원이 없어 하는 수 없이 다시 집으로 돌아왔다. 집에는 아무도 없었고 옆방에 사는 주인이 나더러 응급차가 와서 어머니를 모시고 세브란스 병원으로 가셨다는 말만 들었다. 텅 빈 방에 나 혼자 있다가 물 한 잔 먹고는 해가 중천에 뜨고서야 걸어서 세브란스 응급실에 도착했다. 응급실 앞에서 나를 마중 나온 사람은 사촌 형이었고 형은 내게 어머니가 돌아가셨다고 했다. 이제 누나와 형 그리고 나 셋만 남았다. 어머니는 아버님과 마찬가지로 벽제 화장터로 모셨고 거기서 한 줌 재가 되어 아버님처럼 내 손에 쥐어졌다.

누나와 형

우리는 한 형제이지만 함께 무엇을 해 본 적이 없다. 서로 너무 개성이 강한 탓도 있지만 부모님의 이른 죽음은 우리를 하나의 삶으로 엮어내지 못했다. 누나는 어려서부터 독립적이었다. 초등학교 들어가기 전 누나의 기억은 거의 없다. 누나와 가장 많은 기억의 시간들은 그나마 어머니가 돌아가시고 나서일 것이다. 형의 경우엔 아마 초등학교 초년 시절까지 동네 골목에서 아이들과 뛰놀던 기억이 있다. 주변의 사람들도 우리를 보면 형제처럼 느껴지지 않는다는 소리를 듣곤 했다. 그만큼 서로의 성격이나 스타일이 다른지 모른다. 우리는 어려운 시절을 함께 보냈지만 웬만한 다른 형제들처럼 살갑게 살지는 못했다. 그렇다고 치고 박고 싸우는 형제들도 아니다. 어쩌면 좀 싱겁다고나 할까. 서로 특별히 도움을 주는 것도 아니고 그렇다고 관심이 없는 것도 아니다. 그것은 어쩌면 부모님이 일찍 돌아가시고 나서 독립적인 자기 삶을 살아내야만 했던 청소년기 시절의 유산일지도 모른다.

누나는 어려서부터 공부를 잘했다. 다락방에 올라가면 누나의 상장

가족 사진

이 잔뜩 쌓여있었다. 우리 집에서 누나의 상장은 특별한 의미를 가지지 못했는데, 그만큼 상장이 많았기 때문이다. 누나가 고등학교 갈 때는 지금의 대학처럼 입시를 보았는데, 그 어렵다는 경기여자고등학교에 입학했다. 지금으로 따지면 특목고와 같은 의미인데, 당시에 전국 최고의 고등학교 중 하나이니, 지금의 특목고보다 더 어려운 관문을 뚫고 들어간 것이다.

나는 잘 모르지만 누나의 학교 성적 때문에 아버님은 늘 누나를 자랑하고 다니셨다고 한다. 주변 친척 어른들의 말을 빌리자면, 술자리에서 아버님의 주제는 딱 두 가지였다고 한다. 어머니와 누나, 그 외의 이야기는 곁가지였다. 그래서 어머니가 돌아가셨을 때, 친척 어른들은 내게 늘 다음과 같이 말했다.

"너의 아버지는 팔불출이야, 네 엄마 이야기와 누나 이야기 빼면 할 이야기가 없었거든…."

주변의 친척 어른들은 그런 아버지를 좋아했고, 안타까워했었다. 하지만 가정경제는 그리 녹록하지 않았다. 내가 초등학교 6학년 때 아버님이 돌아가셨는데, 그때가 바로 누나가 고등학교 3학년 때였다. 아버님의 죽음은 누나의 고등학교 3학년을 날려버렸고 누나의 마음도 날려버렸다. 상가에 친척 어른들이 모이셨고, 어른들은 다 누나가 대학 가는 것보다 취업하기를 원하셨다고 한다. 그러나 누나의 고집을 아무도 꺾지 못했다. 그리고 누나의 고집을 어머니가 동의하셨다. 어수선한 고등학교 3학년, 미래의 기약도 없는 그 시절 결국 누나는 장학금을 받고 대학에 입학하게 되었다.

하지만 누나의 대학 생활이 평탄할 수 없었다. 학비야 장학금으로 대체한다고 해도 생활비는 어쩔 수가 없었기 때문이었다. 그리고 아버님의 죽음으로 완전히 파탄 난 가정경제와 경제 능력이 전혀 없는 어머니 그리고 아직 어린 두 남동생의 부양이라는 짐을 어머니와 함께 져야만 했다. 누나가 그 시절 어떻게 그것을 받아들였는지 나는 알 수 없다. 누나는 그 시절을 나에게 한 번도 이야기해 준 적이 없다. 누나뿐만 아니라 형과 나도 청소년기를 포함해서 우리의 어린 시절을 거의 이야기해 본 적이 없다. 지금도 우리는 그때를 누구도 이야기하지 않는다. 아마도 누군가 이야기하면 그칠 수 없는 눈물과 슬픔을 서로 두려워하고 있는지 모른다.

어머니가 돌아가시고 나서 우리 세 형제는 거의 얼굴을 맞대고 살아본 적이 없다. 누나는 하루에도 몇 개의 아르바이트를 해야만 하는 학생으로, 형은 지방 여기저기 돌아다니는 공사장 노동자로 살았기 때문이다. 어머니가 돌아가실 때, 우리가 세 들어 살던 집이 내 기억으로 보증금 5만 원 아니 10만 원이었나, 조금은 애매하다. 월세는 5천 원으로 기억한다. 정확하지 않다. 그런데 월세를 못 내어 보증금은 한 푼도 남아있지 않았다. 어머니가 돌아가시자 주인집은 우리가 그냥 나가 주기만을 바랐고, 친척 어른들은 조의금에서 10만 원인가 갹출하여 그 돈으로 우리가 다른 집으로 이사 갈 수 있도록 도와주셨다. 그때부터는 누나가 완전한 가장이 되었다.

누나는 대학을 다니며 온갖 아르바이트를 했다. 식당, 도서관 알바, 과외교사 등등, 아마 더 있었을 것이다. 누나는 대학을 5년 만에 졸업했다. 이후에 경기도에 있는 고등학교 교사로 가게 되었으나 사회적 혁명의 열기가 낯설지 않은 87년 노동자 대투쟁의 폭풍 속에서 결국 해직되고 한참 후에나 복직되는 오랜 해직 교사의 삶을 살게 되었다.

나중에 내가 성인이 되고, 가족을 꾸리면서 누나에 대한 생각을 많이 하게 되었다. 20대 초반, 부모님을 다 잃고, 여학생의 신분으로, 어린 두 동생, 손에 쥔 거라고는 친척 어른들이 어머니상을 치르고 남은 돈과 약간 더 얹어 추렴한 10여만 원 달랑 쥐고 누나는 무슨 생각을 했을까. 얼마나 많이 울었을까. 한 치 앞도 볼 수 없는 칠흑 같은 어두운 길을 걸어야만 했던 그 마음의 답답함은 얼마나 깊은 상처를 만들었을까. 그러나 나는 지금까지도 그때의 누나 심정에 대해서 물어보지 못했다. 우리는 어머니상을 다 치른 후 그 집에서 가방에 옷가지만 주섬주섬 챙겨 도망치듯 나와 다시 수색으로 이사를 갔다.

형

형은 누나보다 기억이 더 많다. 불광동의 어린 시절 나는 대부분 형을 쫓아다니며 전쟁놀이나 진관사 골짜기, 바위산을 뛰어다녔다. 그때 형은 내 보디가드와 같은 역할을 했다. 나는 지금도 그렇지만 체격이 좀 작고 약골 스타일이어서 싸움에는 젬병이었다. 반면에 형은 비교적 체격도 크고 싸움도 잘했다. 하지만 성격이 많이 다른 형은 이내 나를 잘 데리고 다니지 않았다. 특히 수색으로 이사를 가고 아버님이 돌아가신 이후로는 더 이상 나와 놀러 다니지 않았다.

우리 집에서 가장 눌려 지낸 사람이 있다면 아마도 그것은 형일 것이다. 누나와 나는 비교적 학교 성적이 좋았기 때문에 상대적으로 형은 의도하든 의도하지 않든 가족 안에서 찬밥 신세가 되고는 했을 것이다. 이런저런 이유로 형은 늘 밖으로만 돌아다녔다. 특히 어머니가 돌아가시기 직전, 더 이상 학교 다니는 것에 대한 지원을 해 줄 수 없게 되어 학교를 중퇴하게 되었을 때도 형은 미련 없이 학교를 그만두게 되었는지 모른다.

형과 많은 시간을 보내게 된 것은 아이러니하게도 어머니가 돌아가시고 나서인지도 모른다. 어머니가 돌아가시고 우리는 수색으로 이사를 갔다. 형은 집에 잘 들어오지 않았다. 뭘 하고 다녔는지도 나는 잘 모른다. 추측해 보건대 형이 지방으로 일을 나가면 그곳 합숙소 같은 데서 한두 달은 지냈던 것 같다. 그러다 일이 없으면 집에 와서 하루 종일 시간을 보냈던 것 같다. 그 기간 나는 형과 많은 시간을 보내곤 했다. 내가 학교를 갔던 시간을 제외하고는 방에서 형과 같이 지내곤 했었다. 같이 지낸 것이지 대화를 한 것은 아니다. 형은 술을 마시거나 하루 종일 잠만 자거나 또 훌쩍 나가서 며칠씩 안 들어오곤 했는데, 내 삶의 영역과 성격 차이가 많았기 때문에 나는 형을 이해하기 어려웠다.

형에게 애틋한 정이 시작된 것은 형이 결혼하고 조카가 생기고, 장남인 형이 부모님에 대한 제사나 명절에 제사를 지내기 시작하면서부터일 것이다. 그것은 다른 시각에서 보자면 나 역시 성인이 되었다는 것을 의미하기도 했다. 그때야 비로소 나는 형이 우리 가족 안에서 처해 있었던 심리적 중압감을 이해할 수 있었다. 명절과 제사를 지내면서 비로소 우리 형제는 안정적으로 만나기 시작했다. 그리고 형수님이나 조카들이 중간에 있었기 때문에 우리는 더 가깝게 이야기하고 술을 마실 수 있었다.

형의 가정생활과 어린 조카들을 보면서, 어린 시절 그리고 청소년기 시절에 누나와 나 사이에서 주변 어른들로부터 받아야 했던 질책이나 누려야 할 사랑과 기쁨을 형은 박탈당하며 살아오지 않았나 하는 생각이 들었다. 어쩌면 형은 가족 안에서 또 다른 외톨이로 살아왔었던 것은 아닌가 하는 생각이 들면 가슴이 아프다. 그것은 형이 마치 아버님이 그랬던 것처럼, 지극히 가정적이고 형수님에 대한 깊은 애정과 조카들과 함께 놀아 주는 것이 어린 시절 아버님이 내게 대하는 것과 비슷한 모습을 보여 주었기 때문일 것이다. 고등학교를 중퇴하고 10대 후반부터 온 지방을 누비고 다니며 막노동의 칼바람과 거친 어른들 속에서 겪어야 했던 두려움으로 인생을 시작할 수밖에 없었던 형 또한 그렇게 내 마음 한구석에 아픈 마음으로 남아 있다.

평택 외갓집

　내 인생에서 빼놓을 수 없는 곳이 있다면 그것은 외가이다. 아버님은 친가보다도 외갓집을 더 많이 챙기셨다. 그것은 아버지의 인생과도 관계가 있었을 것이다(나도 그렇지만 아버님도 그리 평탄한 인생을 사신 것은 아니었다. 하지만 그 시대는 모양만 다를 뿐 사실 평탄한 인생은 하나도 없었을 것이다). 아주 오래전 일이고 그것을 가장 많이 알고 있는 사람이 아버지뿐이었는데, 급작스럽게 돌아가셔서 과거의 일들을 정확히 알고 있는 사람은 없다.

　단편적이지만 정확한 사실은 할머니가 돌아가셨을 때는 아직 일본으로부터 우리나라가 해방되기 전이었다고 한다. 주변 어른들의 말로는 아버님이 직접 지게에 할머니의 시신을 지고는 어디에선가 장사를 홀로 치러내셨다고 한다. 할아버지는 어떤 일인지는 잘 모르지만 일제시대에 한국에 안 계셨던 것 같다. 아버지는 집안의 장남이었고 할머니가 돌아가셨을 때 나이가 고작 열여덟이었으며, 밑으로 동생들이 5~6명이 있었다고 한다. 아버님의 맨 마지막 동생은 거의 갓 돌 정도 되었다고 하는데, 잘 돌보지 못해서 그 해 죽었다고 한다. 그리고 몇 해 뒤에 조국이 해방되고 할아버지가 집으로 오셨다. 그리고 얼마 되지 않아 6.25가 발발하고 와중에 군대에 징집되시고 전역하시자마자 결혼하셨다고 한다. 결혼 후에는 할아버지가 중풍으로 돌아가셨으니 아버님의 인생 또한 보통의 삶은 아니셨던 것 같다.

　불광동에 우리 식구가 함께 살았을 때도 외가의 사촌들이 우리 집에 꽤 오래 여럿이 살았다. 사촌 형들은 나와 나이 차이가 무척 많았다.

큰이모와 어머니의 나이 차이가 꽤 많으셨고 주로 큰이모네 사촌 형들이 함께 살고는 했다고 한다. 우리가 이사를 가기 전까지 외할머니도 우리 집에 살고 계셨다. 불광동에서 이사할 때 외할머니는 다시 평택 외갓집으로 가셨다. 그리고 얼마 되지 않아 돌아가셨다. 외할머니는 내 마음속에 안타까움으로 많이 남아 있다.

내가 태어나기도 전에, 사시던 시골집에 불이 났는데 그 와중에 심한 화상을 입으셨고, 열 개의 손가락이 완전히 기역자로 꼬부라져 펴실 수가 없었다. 몸도 전체적으로 화상을 입으셨고, 이빨도 여기저기 많이 빠져있었다. 외할머니까지 우리 집에 사시게 된 배경은 정확히는 잘 모르지만, 아버지의 인생과도 관계가 있을 것인데, 그것은 어머니에 대한 아버님의 사랑 그리고 오랜 세월 외로움으로 살아온 상처 많은 아버님의 삶이 아마도 외할머니를 시골에서 모시고 온 배경은 아니었을까.

난 지금도 외할머니를 잊지 못한다. 아주 왜소한 몸매에 허리는 꼬부라져 있고, 손가락은 누구의 표현처럼, 마치 영화에 나오는 갈고리 모양이었다. 할머니는 특별히 나를 귀여워하셨고 나도 그런 할머니를 많이 따랐다. 어머니가 없을 때는 나는 할머니 품에서 잠을 잤다. 지금도 할머니의 손가락이 유난히 생각난다. 언제나 내가 등이 가렵다고 하면 그 꼬부라져 펼 수조차 없었던 손가락으로 내 등을 긁어주시면 나와 깔깔대던 외할머니. 얼마나 가슴 아픈 세월을 사셨을까.

외삼촌, 큰이모, 작은이모는 모두 평택에 사셨다. 외갓집은 평택 읍내에서 가까웠다. 기차역에서 많이 멀기는 하지만 걸어서도 갈 수 있었다. 작은이모는 안정리라는 미군 부대를 지나 남쪽으로 조금 더

외할머니

아래인 대사리라는 곳에 사셨고, 큰이모는 평택 읍내에서 정말 많이 떨어져 있는 안중에 사셨다.

외갓집이 내게 많은 기억의 공간을 차지하는 것은 초등학교 때부터 아버지가 돌아가실 때까지 방학이 되면 늘 평택에서 지냈고, 그것은 일 년의 약 오 분의 일의 시간을 외갓집, 이모네 집에서 보냈다는 것과 다르지 않기 때문이다. 제일 자주 머물렀던 곳은 작은 이모네였다. 평택 읍내에 가까이 있던 외삼촌네는 나와 나이 차이가 크지 않은 남자 사촌들이 많았던 반면 작은이모네는 나보다 더 어린 여자 사촌들이 많아서였는지 모른다. 하지만 먹거리나 놀거리만 생각하면 큰이모네 집만 한 곳이 없었다.

큰이모네는 집도 크고 형제들도 많아 무려 10남매였다. 집 앞에는 과일나무들, 포도나무, 돼지우리가 있었다. 여름 방학이면 집 주변의 나무에서 열린 과일들을 정말 맛있게 먹었다. 그러나 진짜 재미는 겨울이었다. 겨울이면 엿을 많이 만들어 먹었고, 다른 집에 비해 넓은 부엌에서 군불을 때며 먹던 군고구마, 넓은 논에는 어디서 물이 흘러들었는지 그 넓고 넓은 평야의 논을 큰 스케이트장 아닌 스케이트장이 만들어져 형들이 만들어준 썰매를 타고는 했다. 그리고 전깃불이 들어오지 않아 밤이면 초롱불 켜놓고 옹기종기 모여 앉아 고개 넘어 당집 귀신 이야기 하던 밤을 잊을 수가 없다. 하지만 다른 곳과 달리 큰이모네는 교통이 너무 불편했다. 기차역에서 내리고, 가물에 콩 나듯이 오는 버스, 그러나 무엇보다 버스에서 내리면 어마어마한 거리의 길이 나를 기다리고 있었다.

그렇게 외갓집, 큰이모, 작은이모 집은 여름 방학, 겨울 방학이면 늘 가던 곳이다. 그중 제일 힘든 집은 큰이모 집인데 걸어서 족히 반나절은 넘어 걸어야 했다. 여덟 살이었나? 아홉 살이었을까? 그곳에 가는 것을 후회했던 것은 반나절 넘게 걸었던 길이였다. 어린 시절, 내 기억은 여길 왜 왔나 하는 생각을 하게 해주었을 정도로 먼 길을 걸어야 했다. 그때마다 나를 안심 시켜주었던 것은 내 손을 잡고 함께 걸었던 사촌 형과 반딧불이와 밤하늘의 은하수였다. 칠흑 같이 어두운 길에서 두려워하던 나에게 제일 큰 위안을 준 것은 사촌 형의 노래와 반딧불이들 덕분이었을 것이다. 아마 그것이 아니었으면 큰이모 집에는 가지 않았을 것이다.

지금 돌이켜 보면 지겹게 걷던 그 길은 얼마나 아름다웠는지 모른다. 난 그것을 지금도 잊을 수가 없다. 그 앞도 보이지 않는 시커먼 논길을 나는 얼마나 무서워했던가! 그때 나를 제일 위로해 준 것은 별들이었다.

내가 어설프게 책에서 읽은 별자리들의 전설들이었다. 카시오페이아자리, 오리온자리, 북두칠성 등등. 두렵고 막막히 걷는 내내 별들의 자리를 확인하고 그들의 이야기를 생각하고 또 생각하고 걸었다. 그리고 그때는 몰랐지만 나를 보호해 준 것이 바로 그들이었음을 흰머리가 나고서야 알게 되었다.

    오늘 내가 사는 도시의 밤하늘엔 반딧불이가 없다. 그리고 지금은 사촌 형도 없다. 그러나 운 좋게 맑은 날, 밤하늘 구름이 부드럽게 흐르는 날, 별이라고 해야 고작 두세 개 보이는 날, 달님만 희뿌연 구름과 미세먼지 사이로 뉘엿뉘엿 넘어가는 날, 어린 시절 그 암흑같던 밤하늘의 은하수는 없더라도, 누군가는 이 도시가 욕망으로 밤을 밝힌다고 말하더라도, 이 도시의 사람들과 불빛들이 나를 보호하고 위로해 주고 있다는 것을 알고 있기 때문에, 나는 도시의 불빛이 만들어 낸 푸르스름한 밤하늘의 빛깔 또한 사랑한다. 비록 어린 시절 그 수많은 별과 은하수는 보이지 않더라도…. 그것이 성장하고 나서 특별한 인연을 만들어 내지 않았던 평택의 시골을 내 기억 속에 늘 소환하게 만들었는지 모른다.

III. 중고등학교와 동창들

나는 초등학교를 세 군데 다녔다. 그리고 방학이면 주로 외갓집에서 보냈다. 그 때문인지 아니면 성격 탓인지 초등학교 친구가 내게는 없다. 초등학교 친구 중 기억나는 친구는 하나도 없다. 대강 희미하게 인상만 남은 친구 둘 외에는 아예 어떤 인상으로도 남아 있는 친구는 하나도 없다.

불광동 작은 개천가 앞에 아주 작은 떡집이 하나 있었는데, 그 집 둘째 아들이 나와 나이가 같았다. 어머니의 말로는 그 떡집 아저씨가 지방으로 일을 가서는 몇 년 동안 소식이 없었고 그 집은 먹고 살기가 너무 힘들었다고 한다. 어느 날 아주머니가 아들을 업고는 바위산에 올라 떨어져 죽으려 하다 동네 사람들에 발견되어 목숨을 부지했다는 이야기였다. 이 이야기는 오랜 전의 이야기를 어머니가 가끔 그 친구를 보면 안타까워하셨기 때문에 기억을 한다. 내가 불광동을 이사할 때까지 그 집이 제일 가난했던 것 같다. 하여간 희미하게 그 친구의 뒷모습만 기억하는 데, 정말 바싹 마르고 키가 작았다.

두 번째 친구는 수색초등학교에 전학을 간 지 얼마 안 되어 사귄 친구였다. 얼굴은 대강 기억나는데 이름은 기억이 없다. 그 친구의 기억은 늘 화장실 앞이다. 바싹 마르고 얼굴은 선해 보였다. 내 기억 속에 그 친구는 시골 어디에서 서울로 이사 온 지 얼마 되지 않아 전학을 왔다고 했다. 그나 나나 전학이라는 생소한 분위기에서 유일한 말벗이 었는데, 주변 환경에 잘 적응이 안 되었는지 항상 수업 시간만 끝나면 시간마다 화장실에 갔고 늘 거기서 같이 오줌을 누면서 낄낄거렸다.

하루에도 몇 번씩 화장실에 가서는 얼굴을 마주한 유일한 친구였다. 하지만 그 친구는 얼마 안 가 또 전학을 갔고 나도 이듬해 졸업과 동시에 노량진으로 이사를 갔다.

중학교에 와서야 비로소 기억 속 한자리하는 친구들을 사귀게 되었다. 동현이를 만난 건 중학교 1학년 때였다. 특별활동 시간에 도서반을 선택했고 동현이도 그 동아리를 들었다. 중학교 입학과 동시에 동현이와 나는 늘 학교 수업 시간이 끝나면 도서관에서 책들을 정리하고 청소하고 책을 함께 빌려 봤다. 그리고 현구와 희진이와 양진이는 2학년인가 같은 반이었다. 아 그리고 꽈배기도 있었다. 우리는 학교에서 서로 이름을 부르지 않았다. 같은 반이기도 하고 같은 동아리이기도 했던 이 친구들은 쉬는 시간이나 점심시간이 되면 항상 운동장 모래밭으로 나와서는 씨름도 하고 누군가를 술래로 만들어서 모래밭에 패대기를 치며 놀았다. 함께 놀았던 기억 중에 제일 기억에 남고 지금도 만나면 서로 어처구니없어하는 것은 걸어서 미도파백화점까지 가고는 했던 기억이다. 우리는 다른 곳보다 미도파백화점 가는 것을 좋아했다. 그 미도파백화점은 후에 을지로 입구에 있는 롯데백화점이 되었을 것이다. 우리가 미도파백화점을 자주 간 이유는 거기서 처음 에스컬레이터를 타 보았기 때문이다. 신기하기도 해서 거기를 몇 번이고 타고 또 타고는 했다. 당시에 우리가 에스컬레이터와 에어컨을 누릴 수 있었던 곳은 거기가 유일했던 것 같다.

이 친구들과의 인연은 그 이후에도 계속되어 서로 다른 고등학교를 가서도 만났고, 고등학교를 졸업하고 사회생활을 하면서도 만났다. 지금도 만난다. 꽈배기만 빼고. 중학교를 졸업하고 4명은 인문계 고등학교를 갔고, 두 명은 공업고등학교를 갔다. 인문계를 간 친구들은 다 대학을 갔으나 공업고등학교를 간 친구 둘은 결국 대학을 가지 못했다. 그중 한 명만이 계속 연락이 되어 만나고 있다. 꽈배기의 이름이 기억나지 않는 것은 그 때문이다. 중학교, 고등학교를 졸업하고 광주민중항쟁과 87년 노동자대투쟁의 시간의 흐름 속에서 친구들도 다양한 자기 삶들이 만들어졌다. 사회적, 정치적 상황에 따라 다양한 입장들을 갖게 되었고, 때때로 입장이 격해지면 주먹이 왔다 갔다 할 만큼 싸우기도 했다. 다시는 만나지 않을 것같이 싸우기도 했는데 그래도 또 만난다. 결국 서로 정치적 입장에 대해서는 말하지 않기로 타협하고 다시 중학교로 돌아가기로 했다.

친구들이 싸우고 나면 때때로 우리는 왜 만날까 하는 생각이 들곤 한다. 굳이 만나야 될 어떤 이유가 서로에게 있는가 하는 생각을 하다가 문득 친구들과의 기억이 어쩌면 지금을 살아가게 하는 에너지는 아닐까 하는 생각이 들었다. 과거에 저축해 놓은 기억과 추억들을 정(情)으로 바꾸어 그것을 에너지 삼아 나에게 남아 있는 삶을 살아내게 하는 것은 아닌가 하는 생각이 들었다. 그리고 지금의 삶 또한 기억으로 남을 것이고 그것 또한 에너지로 변하여 내 삶을 앞으로 전진시키게 되는 것은 아닐까. 때때로 아기자기하고 손에 쥘듯한 중학교 동창들과의 기억들은 내게 막연하고 아련한 삶의 기쁨과 감사를 선물로 주고 있는 것은 아닐까. 아마도 중학교 동창들과의 기억이 존재하지 않는다면 내 중학교, 고등학교 시절은 존재하지 않았을 것이다. 그렇게 싸우면서도 우리는 거의 50년이 되도록 거의 매달 만난다. 중학교 때, 수업시간만 끝나면 학교 운동장 모래밭에서 서로 진이 빠져라 패대기치며 놀았듯이.

중학교 3학년 때, 담임 선생님께서는 내게 공업고등학교를 가라 하시고는 입시 원서를 써 주셨다. 나도 동의하고 어머니도 동의하셨다. 그런데 딱히 기억나지 않는데, 내가 공고 가는 것을 누나가 동의하지 않았고, 누나가 어머니에게 학교 가서 공업고등학교 원서를 반납하라고 했었던 것 같다. 그래서 다음날 어머니가 공고 입시 원서를 학교에 반납하고 나는 인문계 고등학교에 진학하게 되었다. 그때도 나는 별 느낌이 없었다. 내 생각으로는 그게 그거 같았고, 공고를 가게 되면 학비를 안 내도 되니 그게 더 좋지 않나 하는 정도의 생각을 했었던 것 같다. 당시에는 중화학공업 육성이니 어쩌니 해서 공업고등학교 우대 정책이 있었던 것으로 기억한다.

그렇게 고등학교를 가고 어머니가 돌아가시고 난 후, 우리가 살던 곳은 수색으로 들어오는 입구에 있었다. 당시에 입구에는 늘 군인들의 바리케이드와 헌병대초소, 검문소가 있었고 그 옆으로 커다란 연탄 공장과 건너편에는 버스 차고지가 있었다. 그 검문초소와 기다란 연탄 공장을 지나 버스로 2~3 정거장 가면 수색 기차역과 시장, 전에 내가 다녔던 수색초등학교가 있었고, 기차역 밑으로는 상암동으로 연결되는 지하통로가 있었다. 우리 집은 밖에서 보면 집이 있는지 알 수가 없었다. 연탄 공장의 연탄 가루를 막으려 했는지 다른 어떤 이유가 있는지는 모르지만, 높이 약 2m 정도 높이의 연두색 같은 옅은 페인트로 칠해진 브로크 벽돌로 된 담장이 거의 수색역 가까이까지 쳐져 있었다. 그 담장 뒤로는 1m 넘게 땅을 파고 땅굴 아닌 땅굴 비슷한 모양으로 담장과 나란하게 낡고 허술한 집들이 일렬로 줄지어 있었다.

지붕은 나무판자나 검은 기름종이 혹은 슬레이트로 만들어져 있었다. 집들은 아마 내가 이사 다니던 집 중 가장 열악한 집들이 아니었을까 한다. 당시에 가난한 동네들이 다 그렇듯이 화장실은 보통 재래식 공용 화장실을 썼는데, 여기는 그 재래식 공용 화장실이라고 말하기도 어려웠다. 거기 사는 사람 중에 집 주인들을 빼고는 단칸방에 살지 않는 사람은 하나도 없었던 것으로 기억한다. 독립된 부엌은 존재하지 않았다. 마치 초등학교 재래식 남자 화장실같이 밑이 패여 있는 길다란 작은 통로가 부엌 하수구였고, 그 통로에 작은 선반을 걸어놓았는데, 그게 부엌이었다. 그 통로 끝에 펌프가 3개가 있었는데, 그것이 그 동네 사람들 모두의 식수원이었다. 아마 내 기억으로 부엌을 독립적으로 가지고 있던 사람은 주인집밖에 없었을 것이다. 일렬로 늘어선 집들 앞에는 약 1~2m 되는 시궁창 같은 개울이 있었다. 개울물이 연탄가루 때문인지 항상 시커먼 물만 흘렀다. 그 집들 건너편, 개울물과 잇닿아 있던 곳이 연탄 공장이었다. 여기 집들의 벽은 그 싸구려 브로크 벽돌로 된 것도 별로 없었다. 베니어합판으로 된 벽들이 대부분이었다. 옆집에서 누군가 싸움이 일어나면 소리가 다 들렸고 어느 때는 우리 옆집에서 싸움이 났는지 우리 방과 연결된 베니어합판으로 된 벽이 움찔거리기도 했다.

거기로 이사 가고 얼마 안 돼 친구들이 놀러 왔다. 중학교 동창들 몇몇은 같은 학교로 배정되었고, 다른 학교에 배정된 친구가 있었지만 고등학교에 가서도 우리는 서로의 집을 돌아다니며 만나곤 했다. 한참 지난 후일담이지만 그때 놀러 온 친구들이 그 동네가 무서워서 두 번 다시는 오지 않았다고 했다. 그것은 동네 입구에 다음과 같은 팻말이 붙어 있었기 때문이었다고 하는 데, "이곳은 청소년 선도 구역이니 청소년의 출입을 금지합니다"라고 쓰여 있었다. 우리가 더 성장하고 나서 이 이야기를 하면서 서로 헛웃음 짓곤 했다.

하지만 나는 여성들이 술을 팔거나 몸을 파는 모습을 본 적은 한 번도 없었다. 내 생각으로는 아마도 내가 이사 가기 전, 그곳에 술집과 바람직하지 않은 직업을 가진 사람들이 살았던 것 같다. 하기야 연탄 공장과 합판 조각으로 된 것을 벽 삼아 집들이 붙어 있었고, 상암동 쓰레기 매립지로 들어가는 통로와 매우 가까이 있었으며, 헌병대 검문소, 서울 시내버스 노선 몇 개의 종점이 있었으니 인생의 종착점이라 할 수 있는 사람들이 살았다고 해서 이상할 것은 없었을 것이다.

내가 기억하기로 그 동네에서 고등학교를 다니는 사람은 내가 유일했던 것 같다. 대부분 내 나이의 아이들이나 그보다 어린 친구들도 공장을 다녔던 것으로 기억한다. 비가 오는 날이면 몇몇 아주머니들과 아이들은 우르르 버스 종점 차고지로 달려가는 것도 보았다. 나는 왜 그리로 가나 궁금하기도 해서 아이들에게 물어보니, 비 오는 날이면 사람들이 우산이나, 동전 같은 것을 흘리는 일이 많아 버스가 차고지로 들어오자마자 버스에 올라타 바닥에 떨어진 것들, 특히 우산을 주우러 간다는 것이다. 거기서 나는 일 년인가 일 년 반을 누나와 형과 함께 살았다. 말이 함께 산 것이지 사실 같이 잠을 잔 기억은 별로 없다. 형은 집에 거의 들어오지 않았고, 누나는 새벽부터 저녁까지 자기 학비와 생활비 그리고 내 뒷바라지 때문에 일을 해야 했기 때문이다.

고등학교에서의 생활을 생각해 본다. 지금이나 그때나 학원이나 과외가 성행했었다. 몇몇 학원은 시험을 보아야 들어갈 수 있는 학원도 있었고, 학교 선생님들도 과외를 직접 자기 학교 학생들에게 하시는 분들도 계셨다. 그때는 그랬다. 덕분에 나는 비교적 집에 일찍 들어왔다. 학원이나 과외 갈 일이 없었기 때문이다. 학교가 끝나고 집에 들어오면 할 일이 별로 없었다. 사는 동네에 친구들도 없었고 만날 학교 친구들도 없었다. 나는 숙제나 시험이 아니면 여기저기 걸어 다녔다. 어떤 목적지를 두고 걸은 것은 아니고 그냥 걸었다. 내 기억으로 집을 나서서는 홍은동 서대문을 거쳐 종로, 을지로, 장충체육관, 동대문운동장, 퇴계로, 남대문 시장, 서울역, 용산역을 여기저기 걸어 다녔다. 그리고 가끔 주머니에 돈이 생기면 무작정 버스를 타고 수색역 종점에서 아무 버스나 타고 그 버스의 맨 뒷자리 구석에 앉아 종점까지 가서는 다시 거기서 집까지 버스를 타고 집으로 오고는 했다. 걸은 것만 기억이 난다. 왜 걸었는지 무엇 때문에 걸었는지는 기억에 남은 것은 하나도 없다.

나는 수제비를 거의 먹지 않는다. 그러다 보니 내가 결혼하고 나서도, 아이를 낳고 키우면서도 수제비를 먹어본 적이 없다. 우리 집 아이들은 수제비를 구경조차 한 적이 없을 것이다. 언젠가 수색 연탄 공장 옆 판잣집 주인아저씨가 나를 불렀다. 하기야 나만 부른 것은 아니고 여러 집을 불렀던 것 같다. 거기서 내게 동사무소에서 주는 것이라 하시며 밀가루 반 포대와 라면 한 박스를 받았다. 그 밀가루로 누나가 새벽에 수제비를 만들고 나가면 나는 그 수제비의 일부를 먹었다. 그리고 학교가 끝나고 집에 오면 남긴 수제비는 다시 처음 있었던 수제비의 양으로 부풀어 올라 있었고 나는 그 수제비를 다시 먹고는 했다. 그래서 언제나 수제비를 보면 퉁퉁 부은 그 밀가루 수제비가 생각난다. 다

불어 터진, 맛이라곤 전혀 느낄 수 없었던 냄비 뚜껑을 밀어 올린 수제비, 그래서 우리 아이들은 수제비를 먹은 적이 없다.

고등학교를 생각하면 항상 친구 부모님들이 생각이 난다. 특히 동현이 어머니와 현구 어머니는 다른 분들보다 더 생각이 난다. 때때로 나는 짧으면 하루 길게는 1주일씩 친구네 집에서 지내고는 했다. 친구 어머니들은 내 사정을 잘 아셨는지 내게 매우, 아주 잘해주셨다. 어느 날인가 내 주머니에 오천 원이 들어 있었다. 동현이 어머님이 나 모르게 오천 원을 내 바지 주머니에 넣어주시고는 했다. 그때 오천 원은 작은 돈이 아니었다. 동현네만큼은 아니지만, 현구네 집도 자주 갔었다. 현구네 집은 수색 너머에 있었는데, 그 무렵 아버님이 크지 않은 돼지농장을 하셨던 것으로 기억한다.

현구네 집에서의 기억은 그 돼지고기로 만든 국이다. 난 지금도 그렇지만 고기를 그리 좋아하지 않는다. 지금은 많이 나아졌지만 그때는 돼지고기와 닭고기가 느끼해서 먹지 않았다. 그런데 현구네 집에 가면 항상 그 돼지고기로 만든 국과 반찬이 나왔고 나는 그것을 거부할 수 없어 억지로 억지로 돼지고기를 먹었다. 아마 고기 한 점에 밥 두세 숟가락, 김치 잔뜩 해서 고기 냄새 안 나게 먹었던 기억이 난다. 지금 생각하면 웃음이 나오지만 그때는 진땀을 흘리며 먹었다. 그리고 어머니는 내 사는 것이 안타까우셨는지 늘 내게 고기 한 점을 더 주셨. 그 어머님들이 몇 해 전에 다 돌아가셨다. 동현이 어머님은 어느 날 갑자기 풍을 맞으시고 쓰러지셨는데, 그 이후로 회복은 되셨지만 치매가 진행이 되었고 심각한 지경에까지 이르자 요양병원으로 모셨다. 그 요양병원에서 일곱 해인가 고생을 하시다 돌아가셨다. 그 요양병원에 두어 번인가 위문차 갔었지만, 이미 나를 알아보시지는 못했다. 내게 유난히 잘해 주시던 어머님들이었는데 마지막 순간에는 내가 할 수 있는 것이 아무것도 없었다. 돌아가시던 과정을 생각하면 지금도 정말 눈물이 난다.

수색 연탄 공장 밑에 살면서 밥도 꽤 많이 굶었다. 도시락은 가지고 다녀본 적도 없었고 변변한 참고서 살 돈도 없었다. 추운 겨울에는 방안에 얼음도 얼곤 했었다. 숙제를 할 때도 두꺼운 이불을 뒤집어쓰고 간신히 손만 내밀었다 집어넣었다 했다. 그러다 어느 날 드디어 자퇴서를 썼다. 그리고 집을 나갔다. 예전처럼 응암동, 홍은동, 홍제동을 거쳐 용산까지 걸었다. 서울역에서 남대문 쪽으로 걸어가다 직업소개서가 몇 군데 있어서 들어갔다. 대부분의 사무실에 어른 대여섯 명이 앉아 화투를 치고 있었다. 나를 보고는 왜 왔냐고 물어서 직업을 구한다고 했는데 다 퇴짜를 맞거나 귀찮다는 듯이 나가라고 했다. 나는 을지로와 종로에서 헤매다 집으로 다시 왔고 나의 자퇴서는 하루 결석의 사건으로 마무리되었다. 어쩌면 내가 학교를 다니지 않고 공장을 다니며 돈을 벌었다면 어머니가 돌아가시지 않았을 수도 있지 않았을까 하는 생각이 늘 떠나지 않는다.

고등학교 3학년이 되었을 때 드디어 누나가 학교를 졸업하고 지방에 있는 학교로 발령이 났다. 누나와 함께 있을 조건이 되지 않아 형은 공사장 숙소로 갔고 나는 작은아버님댁으로 들어가기로 했다. 작은아버님댁은 13평 정도의 방 두 개가 있는 단층의 작은 아파트에 사셨다. 나보다 8년 정도 어린 사촌 남동생이 하나 있었는데, 나와 한방에서 지냈다. 나중에 내가 성인이 되고 결혼을 하고 나서야 생각하게 되었는데, 작은 아버님과 작은 어머님 또한 얼마나 답답하고 막막하셨을까 하는 생각이 들 때가 많았다. 그땐 몰랐는데, 지금 생각하면 너무 내가 죄송하다는 생각이 든다.

막내 조카를 바라보실 수밖에 없었던 작은 아버님과 작은 어머님, 아무 생각 없이 학교 다니고 가난한 집에 가난 하나 더 얹어 버릴 수밖에 없는 나. 지금 생각하면 나는 왜 공부한다고 고등학교를 다녀야 했을까 하는 생각을 한다. 정말 아무 생각 없이 살아간다는 생각을 지울 수 없다. 작은아버님댁에서 내가 다닌 고등학교까지는 편도 한 시간 반, 왕복 세 시간이 넘게 걸렸다. 내 기억으로 늘 새벽 첫 버스를 타고 광화문에서 버스를 한 번 더 갈아타고는 학교로 갔었던 것 같다.

고등학교 3학년 때 광주 민중항쟁이 발발했다. 전두환이 탱크와 총칼로 권력을 잡았다. 광화문에서 탱크 앞을 지나다니기도 했고 완전 무장 한 군인들 사이를 지나다니기도 했다. 그때 나도 처음으로 최루탄을 맞아봤다. 내가 뭘 아는 것도 아닌데, 대학생들 데모대를 여기저기 쫓아다녔다. 광화문에서 버스를 갈아타야 했던 나는 주로 서대문, 서소문, 시청, 동아일보가 있었던 광화문 사거리에서 최루탄을 맞고는 했다. 이유 없이 쫓아다니고 뭘 아는 것도 아닌데 같이 소리쳤다. 어떤 날은 서대문에 있었던 적십자병원 화장실로 도망가 거기서 간호사들 안내로 몇 시간이고 꼬박 숨어있기도 했다. 그때는 내가 뭘 알아서가 아니라 그냥 따라다녔다. 아마도 거기 있던 많은 사람들이 그러하지 않았을까. 그때는 고등학교 학생들도 나처럼 꽤 많은 학생들이 그렇게 따라다닌 것으로 기억이 난다. 그리고 이듬해에 가서야 가슴에 분노가 치밀어 올랐다. 정말 내 인생이 확 뒤바뀔 수밖에 없었다. 나만이 아니라 내 시대의 동년배들은 다 그러했다.

그 난리 통에도 결국은 대학입시를 보았다. 나 혼자 덜렁덜렁 갔다. 번호표를 받고, 미리 시험 장소에 가보고는 집으로 돌아오는 길에 만화 가게에 들렀다. 내일이 입시일인데 입시에 대한 중압감이나 어떤 감흥도 없었다. 누구도 나에게 대학입시에 관해 물어보거나 궁금해하는 사람은 없었다. 나도 별 관심이 있었던 것도 아니다.

다음 날 시험을 보았다. 시험을 본 후 작은아버님댁을 나와서 친구들 집과 지방에 있는 누나 집, 평택에 있는 외갓집 이모네 집 뭐 이렇게 여기저기 돌아다녔던 것 같다. 대학 원서를 쓸 때도 담임 선생님은 나를 부르시지 않았다. 아니 딱 한 번 부르셨던 것 같다. 대학에 대한 선택도 별 고민이 없었다. 고등학교를 다니면서 대학을 목표로 공부한 기억이 별로 없다. 그냥 학교에 다니니 숙제하고 시험 때 시험공부한 것이 다였던 것 같다. 그때 우연히 현구네 집에 들렀다. 현구는 네 군데의 대학입시 원서를 가지고 있었다. 그리고 그중 하나의 대학입시 원서를 내게 주었고 그것이 내게는 유일한 대학입시 원서였다. 나는 별생각 없이 그것을 들고 담임 선생님을 찾았고 입시 원서를 대학에 제출했다. 내겐 고민의 여지가 없었다.

한동안 여기저기 돌아다니다 작은아버님댁에 갔다. 작은어머님이 나를 보시더니 어디 갔다 왔냐고 하시며 대학에서 합격 통지서가 왔고, 장학금 증서가 왔다고 하시며 엄청 기뻐하신 기억이 난다. 그때 고민이 생겼다. 다녀야 하나 말아야 하나. 고등학교도 근근이 다녔는데 내가 대학을 다닐 수 있을까. 그때 내 기억으로는 작은아버님과 누나가 장학금을 준다고 하니 일단 다니는 데까지 다녀보다가 안 되면 그때 가서 생각해 보는 것이 좋지 않겠냐고 하셔서 또 별생각 없이 등 떠밀리듯이 다니기로 했다. 예전에는 합격자 발표를 대학 게시판에 붙여 놓았는데 나는 발표하고 나서 하루인가 이틀인가 지나서야 확인을 하게 되었다. 그렇게 내 고등학교 시절이 마무리되었다.

IV. 대학 시절

　1981년에 대학교에 입학했다. 그때 전두환 정권은 기세가 등등했고, 알게 모르게 많은 사람들이 독재 정권에 저항했지만 나와 더불어 대부분의 사람은 그냥 별생각 없이 살아왔던 방식 그대로 살아갈 뿐이었다.

　함께 대학을 입학한 친구들은 입시에서 벗어난 자유를 만끽하려고 수업이 끝나면 당구장, 술집, 남녀학생의 미팅, 봄 축제 참가 등등 여기저기 돌아다녔지만 나는 주머니에 그런 것을 충당할 만한 돈도 없고 관심도 없었다. 오전에 수업이 끝나면 집을 가야 하는 데, 가야 할 집도 내게는 없었다. 그래서 중학교나 고등학교 시절과 마찬가지로 수업이 끝나고 숙제를 하고 나면 혼자 도서관 주위를 맴돌았다. 나는 책벌레라든지 독서광이라든지 이런 것과는 거리가 먼 사람이지만, 특별히 할 일이 없는 관계로 도서관 구경하고 다니는 일이 내 취미 아닌 취미였다.

　나는 어떤 주제를 가지고 책을 읽어본 적도 없고 문학 동아리 같은 곳을 가입해서 책을 읽은 적도 없다. 그냥 책 제목을 보고 뭔가 특이하거나 호기심이 생기면 그냥 읽었다. 독후감을 쓰거나 누구와 책에 대해 토론을 하거나 하는 일도 없었다. 그냥 심심해서 아무 책이나 뽑아 들고 읽었다. 도서관에서 우연히 게오르규의 『25시』를 중학교 1학년 때 읽었고, 중학교 2학년 때는 사무엘 베케트의 『고도를 기다리며』를 읽었다. 그때 그 책을 왜 읽었는지 기억이 나지 않을 뿐만 아니라 그 책들의 내용도 이해하지 못했으면서도 책 제목이 뭔가 특이해서 읽었던 것 같다. 다른 책들의 제목은 다 잊어버렸는데 그 책들의 제목이 기억이 나는 것은 제목의 특이함 때문이었을 것이다. 그리고 아직도 그 책 제목들이 왜 기억이 나는지 잘 모르겠다. 어린 시절에 책에 대한 겉멋이 들었기 때문이었을 것이다.

입학하고 한 달 남짓 지났을 때였을 것이다. 도서관 서가를 돌아다니다 내 눈에 확 들어온 책이 있었다. 『한국의 아나키즘』 책 제목이 멋있게 느껴졌다. 그때 아나키즘이라는 단어를 처음 접했다. 아나키즘이라는 말이 무엇인지도 모르고 서가에서 책을 뽑아 그냥 읽기 시작했다. 너무 재미있어서 손에서 놓을 수가 없었다. 그리고 아나키즘이라는 단어가 있는 책을 죄다 읽기 시작했다. 거기서 프루동, 바쿠닌, 크로포트킨과 같은 이름들을 알게 되었다. 그중에서도 크로포트킨이 한 말이라고 하면서 인용 어구가 붙은 한 문장에 꽂혀 그 인용구를 내 학생수첩에 적어 놓고는 읽고 또 읽었다. 얼마나 많이 읽었는지 자동적으로 외우게 되었다. 지금도 그 문구를 생생하게 기억한다.

창백한 학자나 문사는 신에게 아첨하라! 부력 앞에 무릎을 꿇라! 나는 다가오는 저 혁명의 포화 속으로 노동자와 손을 맞잡고 뛰어들리라!

이 문구를 수첩에 적어 놓고는 스스로 한국의 아나키스트가 되어야 겠다고 생각했다. 지금 다시 생각하면 웃어야 할지 울어야 할지. 그때 나는 그 말들이 무엇을 의미하는지 전혀 몰랐다고 하는 게 옳을 것이다. 내가 그 문구를 정확히 이해하고 감동 받아서 외웠다기보다는 아마도 그 문구 자체가 뭔가 폼 나 보이고 멋있어 보였기 때문일 것이다. 혁명이

나 노동자와 같은 단어가 의미하는 바를 나는 전혀 이해하지 못하고 그냥 외웠다. 그것이 전혀 다른 의미로 다가온 것은 몇 년이 지나서였을 것이다. 때때로 생각하지만 그런 점에서 나는 감정의 기복도 크고 꽤 순진한 편이었던 것 같다. 그 수첩을 군대 가기 전까지 내 서랍에 두고 버리지 않았다.

김용교 님

그렇게 한 두 달인가 지났다. 수업이 끝나고 잠시 잔디밭에 앉아 있는데 누군가 내 옆으로 다가와 인사를 하고는 예수를 믿냐고 말을 걸어왔다. 소위 말하는 캠퍼스 선교를 하는 사람이었다. 나는 교회를 다녀본 적이 없다. 이사를 자주 다녔기 때문인지 기회가 없었는지 내 기억 속에는 초등학교 때, 크리스마스 때인가 언젠가 사탕 먹으러 우연히 한 번 갔었던 것 같다. 그리고 가리봉 오거리에서 핫도그 장사를 할 때, 잘 알지 못하는 사람을 따라 우연히 교회를 한 번인가 갔었던 것 같다. 그때도 아마 크리스마스 때로 기억한다.

하여간 학교에서 그분이랑 거의 매주 한 번 정도 잔디밭이나 학교 휴게실에서 성경을 가지고 토론 아닌 토론을 했다. 그러다 이분이 지쳤는지 내게 기드온 협회에서 나온 손바닥만 한 파란색 성경책 한 권을 주고는 사라졌다. 성경책을 주면서 이 분이 내게 한 말은 세계에서 제일 많이 읽힌 베스트셀러가 무엇인지 아냐고 물어보았다. 나는 그때까지 그런 생각을 해 본 적이 없다고 했다. 그분은 그게 성경책이라고 말하면서 그 이유를 설명했다. 그분의 설명을 들으니 그 말이 맞다는 생각을 했다. 그리고 그분과 헤어졌고 학기말 시험을 보고는 여름 방학에 들어가게 되어 더 이상의 연락을 하지 않았다. 방학이 되었지만 특별히 할 일이 없어서 그분이 주신 성경책을 뒤적거리기 시작했다. 파란색의 손바닥만 한 신약성경만 있는 그런 성경책이다. 그때 그 파란색의 성경책을 전도자들이 참 많이 나누어 주었다. 아마도 집집마다 그 파란색의 성경책이 한 권씩은 다 있었을 것이다.

그분 말마따나 세계에서 가장 많이 팔리고 가장 많이 읽힌 책을 읽지 못했다는 것이 나도 모르게 내 자존심을 스멀스멀 긁어대는 것 같아서 읽기 시작했다. 문제는 처음부터 누가 누굴 낳고 또 누가 누굴 낳고 하는 이야기서부터 엄청 사람을 지루하게 만들었다. 책을 읽으려 하다 덮고 읽으려다 덮고 했지만 이왕 손을 댄 김에 끝까지 읽으리라 마음을 먹고 끈기를 가지고 읽기 시작했다. 처음엔 엄청 지루했지만 몇 장 넘기면서부터는 재미가 붙기 시작했다. 그러다 사도행전을 읽으면서 잠시 내 기억에 가물가물했던 아나키즘을 생각나게 하였다. 그중에서 크로포트킨의 그 문구처럼 내 마음을 확 잡아끈 것은 다음의 구절이다.

> 믿는 사람이 다 함께 있어 모든 물건을 서로 통용하고 또 재산과 소유를 팔아 각 사람의 필요를 따라 나눠 주며

이 문구를 접하는 순간 내가 아나키스트가 아니라 예수를 믿고 교회에 다니면 다 해결되는 것은 아닐까 하는 생각이 들었다. 그래서 그해 1학년 첫 여름 방학에 성경책을 통독하게 되었다. 문제는 훨씬

더 시간이 흐르고서야 전 세계 어디를 가도 이런 성경 말씀에 기초한 교회는 단 한 군데도 없다는 것이며, 거의 대부분의 교회나 교인들은 그런 데는 관심 없고 썩은 돈과 더러운 권력만을 추구한다는 사실을 알게 된 것은 상당한 시간이 지나서였다. 하지만 그때는 그것을 몰랐다.

나는 수업이 끝나면 으레 잔디밭을 가서 그분을 찾곤 했다. 그것은 어려운 일은 아니어서 금방 다시 만나게 되었고 여름 방학 때 통독한 성경 이야기를 했다. 그분은 나를 어디론가 데리고 갔다. 그 선교회 사무실이었는데, 학교에서 버스로 2~3 정거장 떨어져 있는 작은 건물의 지하로 나를 데리고 갔다. 퀴퀴한 냄새가 나는 지하 계단을 내려가서는 희미한 전등을 켜고 다음으로 연두색 철로 된 문을 열고 형광등 스위치를 올렸다. 그때의 기분은 마치 아나키즘과 관련된 책이나 영화에서 보는 비밀 아지트의 느낌이 들기에 딱 안성맞춤이었고 나 스스로 내가 예수 믿기를 잘했다는, 생각을 하기에 부족함이 없었다. 지금 생각하면 얼마나 우습고 어이가 없는지.

그 이후로 나는 그 선교회 일에 나름 열심이었다. 성경 구절을 외우고 찬송가를 부르고 예배를 보고 전도를 했다. 거기서 특별 훈련도 받으며 몇 달간 작은아버님댁에서 나와 그 선교회 사람 몇이랑 합숙도 했다. 새벽 4시인가 5시에 일어나서 운동하고 기도하고 성경책 읽고 토론하고, 학교에 가서는 매일 같이 전도를 했다. 저녁에 합숙하는 곳에 들어오면 함께 저녁기도를 하고 잠을 잤다. 그러고는 6개월인가 지나 학교를 자퇴해야겠다고 마음을 먹었다.

아프리카 선교사를 선택하기로 했다. 하지만 허락되지는 않았다. 그 선교단체에서는 일단 학교를 졸업하고 나서 선택하라는 것이었다.

학교 공부는 뒷전이고 모든 일은 선교회의 일에 열심이었다. 하루라도 전도를 하지 않거나 성경책을 보지 않으면 큰 죄를 저지르는 것으로 생각했다. 그리고 매일 밤이면 학교를 졸업하고 나서 아프리카 선교사가 되고야 말 것이라고 생각했다. 그런데 왜 아프리카 선교사를 하려고 했을까 생각해 보면 그것도 특별한 이유가 없었다. 지금 아무리 생각해도 그 이유를 알 수가 없다. 단지 아프리카 선교사가 되겠다고 마음먹은 것 외에는 생각이 나지 않는다.

뒤돌아보면 내 인생이 좀 그런 것 같다. 고등학교 3학년 때인가 무작정 전철을 타고 인천 월미도에 와본 적이 있었다. 그냥 막연히 바다를 보고 싶다는 생각이 들었다. 그 이후에 우연히 해군 사관학교 입시 설명회에 간 적이 있었고 막연하게 재워주고 먹여주고 공부 열심히 잘하면 유학을 보내준다는 이야기를 듣고는 해군사관학교에 입시 원서를 쓸려고 한 적도 있었다. 그렇게 무엇을 특별히 목표로 하거나 계획해서 치열하게 살아본 경험이 거의 없다. 그저 그냥 뭘 해야 될지 몰라서 물살에 떠밀리듯 살아온 것 같다.

어머니가 돌아가시기 전에 학교에 남을 건지 아니면 공장을 다닐 건지 물어보실 때도 내가 아무런 대답도 아무런 선택을 안 한 것과 같다. 그렇게 난 좀 멍하게 살았고 지금도 그렇게 사는지 모른다. 그래서 때때로 아내가 나를 타박한다. 목표 없이 맹하니 설렁설렁 산다고.

백영민

학교에서 전도를 하다 만난 사람 중에 백영민 선배가 있었다. 1년 선배이고 사학과를 다녔다. 전부터 알던 사이는 아니고 잔디밭에서 아무나 붙잡고 전도하다 만난 초면의 사람이었다. 그날 나하고 꽤 많은 시간을 이야기했다. 기억나는 것은 없다. 한참을 이야기하고 헤어지는 데 내게 책 한 권 선물로 주겠다고 하며 연두색으로 된 단행본 책을 하나 주었다. 첫 표지에 『역사와 증언』이라는 제목이 크게 인쇄된 작은 책자였다. 그 책을 읽고 일주일 후에 다시 보기로 했다. 집에 와서 책을 읽었다.

단숨에 읽어버렸다. 그리고 머리가 복잡해지기 시작했다. 비록 연륜은 짧지만 내가 접한 기독교는 보수적인 기독교였는데, 이 책은 소위 민중신학이란 관점에서 기술한 책이었기 때문이었다. 뭔가 내 뿌리부터 흔들리는 듯한 기분을 떨쳐버릴 수가 없었다. 그때가 대학에서 맞는 두 번째 여름 방학의 초입이었고, 학기말고사의 끝물에 가까웠다. 아마도 몇 주간 꽤 많은 고민을 했다. 그때 내가 내린 결정은 처음부터 다시 검토해 본다는 것이다.

그해 여름 방학 동안 성경책의 창세기부터 요한계시록까지 전체를 다시 통독을 했다. 그리고 나를 전도했던 그분에게 내가 『역사와 증언』이라는 책을 읽고 정리한 내용과 내가 다시 성경을 통독하고 나서 들은 생각들을 이야기했다. 그분과 많은 이야기를 나누었다. 지금도 몇 가지 옥신각신했던 기억들이 있다. 나는 그분에게 선교와 전도의 장소가 대학이 되어서는 안 된다고 했다. 내가 중학교, 고등학교 때 살았던 가리봉 오거리의 닭장집들, 홍제동 무악재 고개의 집들, 수색역 근처 연탄 공장 밑의 판잣집들로 가야 한다고 주장했다. 결국에는 자의 반 타의 반으로 그 선교회를 나오게 되었다. 그리고 작은아버님댁으로 거주지를 옮긴 후 한 번도 가지 않았던 북아현동의 집과 연탄 공장 밑에 있던 수색역 부근의 집 주변을 다시 걸어 다녔다.

일주일 후에 만나기로 했던 백영민 선배와의 약속은 지켜지지 않았다. 내가 안 지킨 것이 아니라 영민이 형이 나오지 않았다. 나는 다시 혼자가 되어 예전처럼 도서관 주변을 두리번거렸다.

여름 방학이 끝나고 새 학기가 시작되었다. 9월의 어느 날인가 장대비가 쏟아졌다. 비의 양이 엄청나서 우산 없이는 건너편 도서관까지 갈 수가 없었다. 나는 그냥 문 안에서 쏟아지는 비가 잠잠해 지기를 기다리고 있었는데, 뒤에서 누가 우산을 펴고는 내게 같이 쓰자고 말을 걸어왔다. 내게 책을 준 영민이 형이었다. 그 우연한 만남에 둘이 잠시 낄낄거렸다. 그리고는 연두색의 단행본 책에 관해서 그날 오후 내내 이야기를 나누었다. 형은 관계하고 있던 몇몇 선배들을 소개했고, 함께 사회과학 서적들을 읽기 시작했다. 흐릿한 비디오 화면의 광주 학살을 처음 보았고, 고등학교 3학년 때 대학생들이 서울역과 광화문, 서대문, 서소문에서 어깨에 스크럼을 짜고 함께 소리치고 그 독한 최루탄을 왜 감내해야만 했는지 알게 되었다. 그리고 때때로 내게 어느 장소로 오라는 연락을 받으면 고등학교 3학년 때 처음 맞이했던 최루탄을 다시 맞기 시작했다.

군대

이듬해 건강이 안 좋아졌다. 전에 폐 수술을 담당했던 의사를 찾아갔다. 걱정할 수준은 아니지만 아마 군대는 면제받을 것 같다고 해서 내친김에 휴학을 하고 징병 검사를 받기로 마음먹었다. 하지만 내 담당 의사의 검진 예상과 달리 한두 달 만에 징병 통지서가 발부되었고 바로 논산으로 징집되어 군대에 가게 되었다. 사람의 인생이란 때때로 자기 의도와 다른 결과들이 나타나곤 하는데 아마 이런 걸 두고 하는 말일 것이다. 그러나 마찬가지 논리로 군대는 내게 예상하지 못한 인생의 경로를 확 바꾸어 놓았다.

내 시절의 군대는 구타가 많았다. 밤 9시면 점호를 받았는데, 그때마다 구타가 일상이었다. 하루라도 얻어맞지 않으면 잠자리가 뒤숭숭했다. 고참 장기 하사관들의 이야기를 들으면 자기들 졸병 때는 더 했다고 했다. 흔하지는 않지만 구타로 죽음에 이른 사람도 있다고 하면서 군대가 많이 좋아졌다고 너스레를 떨곤 했다. 하여간 나와 같은 시기에 들어온 사람들, 즉 부대 동기들은 우리가 나중에 고참이 되면 절대로 하급자들을 때리지 말자고 거듭거듭 맹세했다.

그리고 드디어 우리 동기들이 상병을 달고 병장이 되었다. 하지만 구타는 여전했고 합리적 이성은 존재하지 않았다. 동기들에게 이야기했다. 우리가 고참이 되면 하급자들을 때리지 않기로 했는데 왜 하급자들을 구타하느냐고 했다. 모든 동기는 하급자들을 때리지 않으면 군대가 돌아가지 않는다는 이유에서 구타한다고 했다. 하지만 난 한 번도 그리고 그 누구도 때려본 적이 없다. 덕분에 부대에서 늘 고문관으로 통했다. 고문관이라는 별칭이 꼭 구타와 관련된 것만은 아니고 군대의 여러 규칙이나 훈련을 잘 따라가지 못했기 때문이 더 컸을 수 있었다. 나보다 하급자인 상병들도 나에게 대놓고 고문관이라는 칭호를 붙였다. 제대하는 날까지도 우리 부대의 사람들은 그 별칭으로 불렀다.

하지만 나는 전혀 개의치 않았다. 중대장이나 소대장, 고참 하사관들은 그 때문인지 내게 하급자들을 데리고 통솔하는 일을 잘 맡기지 않았다. 때때로 열병식이나 뭔 특별훈련프로젝트 나갈 때는 가끔 열외 당하는 행운 아닌 행운의 선택을 받기도 했다. 하지만 하급자들이 꼭 나를 비웃기 위해 그런 별명을 붙인 건 아니었다. 반쯤은 나에 대한 애정이기도 했다. 나도 그런 별칭으로 불린 것에 대해 불쾌한 기분을 느낀 적은 없었다. 내가 군대에서 전역하고 나갈 때 하급자들이 위병소 밖까지 나를 따라왔고, 그중 몇몇은 읍내 시외버스터미널까지 배웅하며 자기들이 개별적으로 마련한 선물도 주었다.

왜 구타나 비합리적 이성이 군대에서 일상적인 규범으로 자리 잡았을까 하는 생각을 정말 많이 했다. 그것을 나는 군대라는 계급사회와 살인과 폭력을 합법적 체계로 인정하는 전쟁에서 찾았다. 그것은 대학을 다니며 영민이 형이랑 함께 읽었던 사회과학 서적들, 당시의 반국가적이라 불렸던 소위 금서들의 내용들이 단순히 관념이 아니라 현실적으로 느껴졌다. 군대의 이런 비합리적 관행들을 깨트리기 위해서는 계급사회를 타파하는 군대 내의 혁명, 즉 장교들을 없애는 것 외에는 답이 없다고 판단했다. 그리하여 군대에서 나는 하나의 결론에 이르렀다. 전역을 하고 나면 대학에 복학할 게 아니라 노동자가 되어 혁명에서 답을 얻어야 한다고 생각했다. 자본가 계급과 노동자 계급으로 사회를 분석한 책들에서 내 인생의 길을 군대에서 찾았다.

다시 대학으로

86년 3월, 군대에서 제대하자마자 영민이 형을 찾아갔다. 학교 복학을 하지 않고 노동운동을 하려고 하니 소개를 시켜 달라고 했다. 내 이야기에 기가 찼는지 일단 학교에 복학한 후, 좀 더 준비를 하고 현장으로 가라고 했다. 티격태격 이야기를 나누었지만 일단 형의 의견을 듣기로 하고 한 학기 복학하는 것으로 결론을 내렸다. 내가 군대에 갔다 온 3년 동안 학교도 많은 변화가 있었다. 소위 언더 서클이라 이름 붙였던 것이 기독학생회라는 이름으로 회원을 모집하고 꽤 많은 학생들을 서클로 모았으며, 강제징집을 갔다 온 복학생들을 중심으로 복학생협의회라는 것을 만들 준비를 하고 있었다. 거기에 나도 이리저리 휩쓸려 다녔고 같이 학습하고 도로에서 돌 던지고 최루탄 사이를 오갔다. 하지만 생각은 늘 공장에 들어가야 한다고 생각했다. 그렇게 약속한 한 학기를 마치고 나는 미련 없이 학교를 그만두고 인천으로 향했다. 그게 아마 86년 12월인가 그랬던 것 같다.

군대에서 제대 후 복학하고 인천으로 내려오기 전 공백기에 학교에서 대기업 인턴사원을 뽑으니 관심 있는 학생들을 선발한다는 소식을 들었다. 모집 공고를 보니 급여도 주는 것으로 나와 있어서, 이력서를 제출해 선발이 되면 약간의 돈을 줄 생각으로 원서를 제출하여 선발이 되었다. 당시에 우리 학교만이 아니라 전국의 모든 대학교에서 이러한 사업을 진행한 것으로 아는데 나는 운이 좋아 대덕 연구단지에 있는 LG연구소에 배정되었다. 전체에서 4명만 선발되었고 더구나 나는 현역 학생도 아니었고 뭔 시험을 보고 선발한 것도 아니었으니 운이 좋아도 억세게 좋은 편인 것은 사실이다. 왜냐하면 다른 학생들은 대부분 집에서 출퇴근한 것으로 아는데, 나는 그것이 불편했기 때문에 내 입장에서 기숙사 제공은 대단한 행운이었다.

당시 대덕 연구단지 앞에는 군인들이 보초를 섰고, 주변은 외부인이 들어 오지 못하게 철책으로 막혀있었으며 담장 주변에는 듬성듬성 군인들이 경계근무를 실시하여 일반인들과 철저히 단절되어 있었다. 그 경계병들의 철책 안에서 LG 연구원들과 함께 생활했다. 그곳이 아마도 지금까지 내 인생에 가장 호화로운 집이었을 것이다. 숙소 안에는 당시에는 보지도 못했던 헬스 기구와 수영장 등이 있었다. 내 기억으로 두 달 남짓 있었던 것 같은데, 받은 돈은 월 20만 원 정도로 기억한다. 그것을 특별히 기억하는 것은 내가 인천으로 내려가 처음 공장에 들어갔을 때, 한 달 내내 기숙사 생활하면서 야근에, 특근에 받은 돈이 십오만 원으로 기억하기 때문이다.

호화로운 숙소에서 온갖 대우 다 받고 설렁설렁 서류만 갖고 왔다 갔다 하고 받은 돈과 비교해 보았을 때 정말 허탈했던 기억이 있기 때문이다. 하여간 난 그때 받은 돈을 이후 생활 밑천으로 삼았고 작은아버님댁을 나와 자취방을 구했으며, 그 자취방에서 영민이 형 소개로 사람들을 만나고 인천으로 내려갈 준비를 위한 공부를 시작했다. 그리고 가끔은 내 자취방이 당시에 수배되었던 몇몇 학생들의 은신처가 되기도 했다. 지금은 거기에 많은 아파트들이 들어섰지만 당시에는 집 주변이 다 논밭이었다.

V. 인천에서

인천 산곡동

그해 겨울 처음으로 인천으로 안내되어 갔다. 누구와 함께 갔는지는 기억이 나지 않는데, 산곡동에 있는 누군가의 자취방으로 갔다. 조그만 방안에 4~5명이 앉아 있었고 창문은 커튼이라기보다는 이불로 가리고 있었다. 거기서 서너 달 정도 4명이 함께 교육을 받았다. 그리고 나서는 따로 방을 얻어 취업 준비를 하기로 했다.

산곡동에 자취방을 구하고 부평4공단을 돌아다니다 우연히 외곽에 있었던 K공장에 들어갔다. 기계를 조립하는 공장이었다. 당시에 사람들은 대부분 타인의 신분증을 위조하여 취업하는 위장취업을 대부분 했다. 하지만 나는 그냥 내 신분증을 그대로 사용했다. 그냥 내 신분 그 자체로 봐도 의심이 갈만한 사항이 없었기 때문이었다. 실제로 짧은 시간이지만 술집에서 알바로 청소일도 해 보았고, 왕십리 사진 인화판을 만드는 올망졸망한 공장에서도 이미 일을 해 보았기 때문이다. 우스운 이야기지만 간혹 술집에서 술 먹으며 살아온 이야기를 하다 보면 내가 누군가를 위로해 주기보다는 대부분 공장 노동자들이 나를 위로해 주는 일이 더 많았다.

K공장 2층 구석에 기숙사가 있었다. 나는 선배들에게 기숙사에 들어가 사는 것을 허락받고 바로 기숙사에 들어갔다. 방이 딱 하나 있었는데, 거기에 20여 명이 잠을 잤다. 덕분에 공장 사람들과 빠른 시간에 친해질 수 있었다(아… 그런데 기억이 좀 가물가물하다. 뭔가 앞뒤

시간 순서가 애매하다. 기숙사를 나와 새로 자취방을 구한 시점도 기억이 가물가물하다).

거기서 용찬이, 기원이, 석중이 그리고 이름을 잊은 막내가 생각난다. 다른 사람도 있었는데 기억이 잘 나지 않는다. 특별히 이 친구들의 기억이 생생한 것은 공장을 나오고 나서도 꽤 오랫동안, 십수 년 동안 나와 함께 지냈기 때문이다.

처음 공장에 들어간 그해에 비가 엄청 많이 왔다. 뉴스마다 홍수로 인한 피해가 계속 전파를 탔다. 당시에 한 팀으로 있었던 그룹에서 각기 공장에서 친하게 지낸 노동자들을 하나로 모아 수해복구를 위한 자원봉사를 기획했다. 그때 20여 명 정도를 모아 자원봉사를 갔다. 2박 3일 정도 한 것 같다. 짧은 시간이지만, 함께한 사람들이 밤샘을 하면서 나름 많이 친해지고 정도 들게 했다.

인천으로 다시 올라와 그냥 헤어지기 섭섭하니 이왕에 자원봉사를 한 김에 수해복구 지원금 마련을 위한 일일 찻집을 열기로 했다. 일일 찻집을 준비하는 과정을 통해 더 많은 노동자들이 참여를 하게 되었을 뿐만 아니라 관계도 깊이를 더하였다. 이를 근간으로 땀방울이라는 소모임을 만들고 이 소모임을 통해 현장 노동자들에 대한 노동자 교육을 진행하게 되었다. 이때 K공장에서 나와 함께했던 친구들도 이 학습 그룹에 참여하였다. 대부분 부평4공단에 취업한 사람들이 많아서 의도하든 의도하지 않았든 대부분 산곡동과 청천동에 모여 살게 되었다.

VI. 노동자의 삶

용찬이

　나보다 3살 어린 친구로 기억한다. 제주도에서 올라왔다고 했다. 제주도에서는 호텔 일을 했다고 했는데 별생각 없이 연고도 없는 인천의 공장에 취업했다고 했다. 손재주도 좋고 일도 성실하게 잘하는 친구였다. 정이 많아 공장의 다른 사람의 일을 많이 도와주었다. 특히 일 잘못하는 내 입장에서 용찬이는 구세주 역할을 많이 하곤 했다. 잘 기억은 나지 않는데 쇠를 얇게 깎고 그것을 쇠붙이에 용접해서 붙이고 다시 그라인더로 갈아 예리하게 만드는 작업이 있었다. 나는 특히 그걸 잘못해서 그 일을 할 때면 땀이 뻘뻘 났다. 나름 정교한 작업인데 난 그 정교한 작업을 잘하지 못했다. 그럴 때면 용찬이가 멀리서 그것 보았는지 아니면 우연인지 용케 내 옆으로 와서 자기가 대신 그 작업을 몇 번이고 해주었다. 그런 우연 아닌 우연이 내가 공장을 나올 때까지 계속되었다. 그렇게 친해져 결국은 나와 함께 자취 생활을 하게 되었다.
　얼마를 나와 함께 살았는지 잘 기억이 나지 않는다. 사람들과 친하게 지내는 것을 좋아했던 용찬이는 나와 함께 수해복구, 일일 찻집, 소모임 하는 것을 좋아했다. 내가 결혼하고 일 년인가 지나서 결국은 자기 고향 제주도로 내려갔다. 그의 말로는 고향에서 다시 호텔 일을 하려 한다고 했다. 내 처음 공장 생활을 익숙하게 도와준 은인 같은 동생이었다.

기원이

용찬이와 같은 나이의 동생이다. 피부에 작은 물혹이 여러 군데 있었던 동생이다. 정확한 기억인지는 모르는데, 직업훈련소 같은 데서 선반을 배운 것으로 기억한다. 특별히 보고 싶은 친구가 있다면 그는 아마도 기원이일 것이다.

땀방울이라는 소모임에 데려온 지 얼마 안 돼 어느 날인가 책을 한 권 들고 다녔다. 근로기준법을 해설한 책이었다. 산곡동 입구에 있는 어느 서점에서 그 책을 샀다고 했다. 소모임을 함께했던 몇몇 학생 출신 활동가들이 왜 그 책을 들고 다니냐고 했을 때, 자신도 잘 모르지만 그 책이 자신에게 필요하다고 생각해서 샀다고 하며 책을 밤마다 열심히 읽어 많은 활동가들을 놀라게 했던 동생이다. 나를 꽤 많이 따랐다. 십수 년이 지날 때까지도 계속 만남을 나눈 동생이었는데 어느 날 갑자기 사라져 버렸다. 사라지기 전에 피부에 났던 물혹이 온몸에 너무 많이 번졌었다. 아마 그 일로 피부 관련된 크고 작은 수술을 두 번 정도 했었을 것이다. 그러다 어느 날 갑자기 연락이 끊겼다. 기원이의 누님인가가 가정동 넘어가는 효성동 어디인가 사셨다. 거기다 연락을 해 보았는데도 소식을 정확히 알 수 없었다. 죽지 않고 살아 있으면 좋겠다.

석중이

석중이는 내게 각별한 동생이다. 내가 공장에 있었을 때, 공고 3학년 학생으로 실습을 나왔다. 키도 크고 멀쑥하게 성실한 외모를 가졌다. 처음 어떻게 관계를 텃는지는 기억이 잘 나지 않는다. 아마도 엉겁결에 나를 따라 소모임에 나왔을 것이다. 전북이 고향이라고 했다. 소모임에 고등학생이 왔으니 학생 출신 누님들이 특별한 애정으로 돌보아 주곤 했다. 그리고 그에 발맞추어 마치 스폰지처럼 다양한 학습 과정들을 잘 좇아왔고 다양한 정치 투쟁 집회나 가두 투쟁에도 잘 참석했다.

잘 기억이 나지 않지만, 인천으로 실습을 온 것은 인천에 친척분이 먼저 이사와서 공장에 자리를 잡았기 때문으로 알고 있다. 하여간 약간의 시차를 두고 그의 집 전체가 전북에서 인천으로 이사를 왔다. 난 그의 할머니, 아버님, 어머님, 동생하고도 인사를 하고 지낼 정도로 친하게 지냈다. 할머니가 돌아가실 때도 내가 함께 있었다. 석중이에게 동생이 하나 있는데, 나를 엄청 깍듯하게 따랐다.

고등학교 3학년 학생으로 공장을 다니며 일찍 의식화된 덕분인지 나 말고도 다른 활동가들과도 관계가 많고 깊었다. 아마 나보다 더 많았을 것이다. 난 이 친구에게 여러 가지 안타깝고 미안한 감정을 가지고 있다. 그는 다른 많은 활동가들을 알았지만 유독 내 말을 특별히 신뢰했다. 징집영장을 받고 몇몇 논의가 있었다. 군대를 갈 것인가 말 것인가. 군대를 안 간다면 적절한 시점에 선도 투쟁을 해서 수배 받아 군대 면제를 받을 것인가 아니면 장기적인 관점에서 군대를 가는 방안이었다.

처음엔 선도 투쟁을 하는 활동가들의 이야기를 듣는 듯하다 결국에는 내 의견을 받아 군대를 갔다. 군대에 있을 때도 나와 연락이 끊어지지 않았다. 군대를 제대하고 다시 나를 찾아왔다. 자신은 군대 있으면서도 노동운동을 해야 한다는 생각을 한 번도 버려본 적이 없다고 했고, 인천제철에 입사가 거의 되어 한두 달 후 전역을 하면 바로 출근할 것으로 내게 이야기했다. 그런데 그때 나는 고백교회 활동가로 있었고 기타교실을 기반으로 청년회를 만들었는데, 그 청년회에 Y악기 노동자로 있던 여성 노동자들이 여럿 있었다. 나는 그 이야기를 석중이에게 해주며, 기왕이면 인천제철이 아니라 Y악기에 입사할 것을 권유했다. 그리고 석중이는 이번에도 일말의 고민 없이 내 의견을 받아 주어 인천제철을 포기하고 Y악기에 입사했다. 그리고 후에 Y악기에서 노조 만드는 일을 함께하게 되었을 뿐만 아니라 결국에는 그 싸움의 과정에서 해고 되었다.

고백교회에서 나를 따랐던 친구 중에 Y악기를 다니던 승미가 있었다. 승미도 Y악기에서 석중이와 같이 노동조합 결성의 싸움을 하고 해고 되었다. 석중이와 마찬가지로 승미도 내가 연락을 하지도 않았는데도 내가 교회를 나오고 노동선교문화원으로 인천평화의료생협으로 자리를 옮겼을 때도 나를 따랐다. 둘의 나이가 같았다. 우연인지 필연인지 둘이 결혼을 하고 아이를 낳고 부부의 연으로 살아가고 있다. 내가 둘을 연결시켜 주려 한 것은 아닌데 어린 나이에 나와 인생의 전환점이 된 인연으로 결혼까지 하게 되었다. 그러다 보니 그들 삶의 여러 우여곡절을 많이 보게 되었다. 때때로 원하든 원하지 않든 사회적 활동에만 개입된 것이 아니라 거의 가족의 일원으로서의 형제처럼 다가서게 되어 그 둘의 삶을 35년을 훌쩍 넘겨 지켜보고 있다.

내가 인천에서 홍성, 광천으로 베트남으로 서울로 떠나 있을 때 그 삶의 굴곡을 보고 가슴 아플 때가 많았다. 도움 줄 아무것도 없고 그냥 훌쩍 떠난 것에 마음이 편하지 않았다. 용찬이, 기원이, 석중이를 생각하면 내가 쌓아 올린 업장들 같아서 그 기억들이 참으로 아련하고 마치 영화의 한 장면처럼 부끄럽고 아쉽고 안타까운 인생의 장면들이 지나쳐 간다. 어쩌면 그 부끄러움과 아쉬움 때문에 내가 종교라는 신앙을 떠날 수 없는지 모른다.

명선이

명선이는 내가 다니던 공장과의 인연은 아니었다. 그는 주안 어느 성당 야학에 다녔던 것으로 기억한다. 그 야학에서의 인연으로 우리 소모임에 들어왔다. 하지만 시간이 지나면서 나와 더 많은 인연을 가지게 되었고 지금까지도 나와 친하게 지내고 있다. 그가 결혼을 하고 아이를 낳고 하면서도 산곡동 앞뒷집에 살았다. 그의 가족들, 처남, 처제, 동서들까지 때때로 우리 집에 찾아와 사소한 고민들을 털어놓으며 소주 한 잔을 곁들여 인생 상담을 해주고는 했다.

내가 홍성으로 이사를 간 후에도 계속 전화로 내 안부를 묻곤 했다. 그만 전화한 것이 아니라 그의 아내 경희도 우리 집에 전화를 하곤 했다. 어느 때였던가 홍성 시골집에 놀러 와 가슴 아픈 인생사를 늘어놓고 이야기를 했었다. 물론 그때도 내가 도와 줄 수 있는 것은 하나도 없었고 그저 들어 주기만 했다. 이야기를 들어주는 것밖에는 해줄 수 있는 것이 하나도 없었다. 어지간한 인연이 아닐 수 없다.

시골에서 초등학교인가 중학교인가 졸업 후 동네 아저씨들을 따라 공사장을 전전했다고 했다. 공사장에서 목재 기술을 배웠는데 손재주가 있어서 기술자로 대접을 받았다고 했다. 나와 처음 만났을 때는 S침대를 다녔고 이후 거기서 노조를 만들었다. 노동운동에 적극적이지는 않았지만 내게 큰 힘이 되어 준 것은 내가 건강상의 문제로 공장에 다니기 어려웠을 때, 나를 자기가 다니던 목재공장으로 취업시켜 주었기 때문이다.

목재 산업이 후퇴하고 대부분 중국이나 동남아로 넘어갔을 때도 공장 사장들은 명선이를 데리고 중국이나 동남아 출장을 다니곤 했었으니 그의 목공 기술은 어떤 공장에서든 환영을 받았다. 특히 내가 손재주나 기능이 많이 부족하고 몸이 약한 것을 익히 아는지라 항상 자기 옆에서 일하게 하는 배려를 해주며 무거운 것을 들거나 어려운 기계를 작동할 때는 나를 쉬게 하고 자기가 두 사람의 몫을 감당했었다.

땀방울

수해복구를 계기로 만들어진 친목회 겸 소모임이었다. 정확히 혹은 대략 몇 명이었는지도 기억이 잘 나지 않는다. D자동차, S악기, H전자, K공작소, S침대 그리고 몇몇 봉제 공장과 전자 회사들이 있었는데 잘 기억이 나지 않는다. 여기서 만난 봉제 공장 여성 노동자 중 한 사람이 나중에 나와 결혼하여 내 아내가 되었는데 그 봉제 공장 이름도 기억나지 않는다.

이 글을 맺을 때가 되면 아내에게 물어봐야겠다. 그런데 사실 다른 기억들도 정확한지도 잘 모르겠다. 예전에 단편적으로 명료하다고 생각한 기억들이 다시 뭔가 정리해서 기록을 하다 보니 어디가 먼저고 어디나 나중인지 혹은 인원수가 굉장히 많았다고 생각했는데 곰곰히 따져보면 몇 명 되지 않았던 것 같기도 하다. 때때로 내가 사실을 사실대로 기억하고 있는 것인지 아니면 내가 원하는 방향에 맞추어 기억을 재편집하려는 것인지도 모르겠다. 하여간 일단 줄줄이 글을 써보자.

이 소모임은 거의 가족같이 지냈다. 틈만 나면 모여 함께 밥을 해 먹었다. 누군가 생일이면 그 좁은 산곡동 방에 모였고, 크리스마스 때면 마치 교회 중고등부에서 밤새 새벽송을 돌듯이 산타클로스처럼 집집을 돌아다니며 선물을 주었다. 마치 사도행전에 나오는 초대교회의 삶의 모습을 재현한 듯이 지냈다. 그 와중에 노동조합들이 대거 결성되고 노동운동이 활발해지면서 모임이 느슨해지기 시작했다. 각기 자신의 사업장을 중심으로 삶이 재편되기 시작했고 그렇게 다 뿔뿔이 흩어졌다.

VII. 가정, 교회, 직장

나의 아내, 말자

말자는 내 아내다. 땀방울 소모임에서 만났다. 봉제 공장 여성 노동자였다. 본명이 아니다. 그 소모임에서 여성 노동자들은 학생 출신이든 아니든 대부분 별명이나 가명을 사용했다. 말자는 다른 여성 노동자들에 비해 모임 활동에 적극적이었다. 그것이 생활에서든 학습에서든 혹은 투쟁에서든. 그래서인지 외모 때문인지 소모임에 나온 사람들에게 좋은 인상을 주었고 알게 모르게 좋아하는 남자들이 있었다. 그때까지만 해도 나는 말자와 별다른 소통의 관계는 없었다.

어느 날 그 소모임에 함께했던 여성 활동가가 나더러 P를 말자에게서 떼어달라는 부탁을 받았다. 그는 광주에서 올라왔는데, 나와 친구로 지냈다. 한참 후에 안 사실이지만 나이는 나보다 한 살인가 어렸다. 하여간 다른 사람은 모르는 가운데 목걸이, 팔찌 같은 것을 말자에게 선물로 주었던 것 같다. 이를 알게 된 봉제 공장 여성 활동가들이 나더러 P가 치근덕거리지 못하게 해달라는 부탁이었다. 나는 별생각 없이 P를 만나서는 술 한 잔 퍼붓고는 따끔하게 한마디 해주었다. 뭣 때문이지는 잘 모르지만 순순하게 내 말을 잘 들어 주었고 이후로는 말자에게나 다른 여성 노동자 누구에게도 치근덕거리지 않았다. 나중에 안 사실이지만 이 친구 집이 꽤 부자였었던 것으로 알고 있다.

하지만 이 사건으로 아내인 말자와 연을 맺게 되었으니 사람 일은 알 수가 없는 것이다. 그것이 인연이 되어 만남의 시간이 있었다. 하지만

나의 아내

 그때까지만 해도 그리 결혼으로 급진전 된 것은 아니다. 그 일이 있던 해인가 아님, 다음 해인가 정확히 기억이 나지 않는데, 갑자기 말자가 다른 모든 사람과 연락이 끊어져 버렸다. 함께 있던 활동가들이 급히 나에게 물어보았지만 나도 알 수 없기는 마찬가지였다. 결국 수소문하다 행방을 알 수 없기에 여성 활동가들이 다니던 회사에서 파악한 집 주소 하나를 내게 주고 말자를 찾아달라고 했다.
 나는 달랑 주소 하나 들고 지도를 뒤적거리며 차편을 알아보았다. 그때는 스마트폰이나 인터넷 같은 기술로 검색해서 쉽게 집을 찾을 수 있었던 시대가 아니었다. 하여간 기차를 타고 시외버스를 타고 읍내에서 버스를 물어물어 터덜터덜 걸어 시골집을 찾아갔다. 거기서 나는 이러지도 저러지도 못했다. 집 주변에서 멀쑥하게 서서는 어떻게 해야 할지 몰라 두리번거리기만 했다. 간신히 말자를 찾았는데, 집안은 완전히 초상집이었다. 여동생 둘이 저수지에 놀러 갔다가 저수지에 빠져 죽었기 때문이다. 그러니 연락이 되려야 될 수가 없었던 것이다. 말자의 온 집안이 울음바다였다. 슬픔으로 가득 잠긴 집에 생전 보지도 듣지도 못한 젊은 남자가 불쑥 나타난 것이다. 또한 그 남자는 여자아이들 둘이 그렇게 허망하게 큰 슬픔을 던져 놓은 상황 안에서 아무 말도 하지 못하고 버벅거리고 자기 자리가 어디인지 찾지 못하여 허둥거릴 뿐이었다.

그 당시 많은 공장 노동자들이 그러했듯이, 말자는 중학교를 졸업하고 봉제 공장 여공이 되었다. 그나마 말자는 다른 형제들에 비해 사정이 나았다. 외동아들인 막내 처남을 제외하고는 말자가 가장 고학력자였다. 말에 의하면 장인어른이 딸들을 중학교에 진학시킬 생각 없으셨다. 물론 그것은 가난으로 인한 일이었지만 말이다. 다행인지 불행인지 모르지만 아버지의 말씀을 거역하고 싸우고 싸워 간신히 중학교에 간 것이지만, 아버지의 고집을 꺾은 것은 거기까지였다. 말자의 언니와 바로 밑 여동생은 이미 봉제 공장을 다니고 있었다. 더 먼저 고향을 떠난 사촌과 외삼촌들은 서울과 인천, 수원에서 봉제 공장을 다니고 있었다고 한다. 처음엔 외삼촌과 언니가 다니던 봉제 공장에서 시다 생활을 했다.

고백교회

80년대 민중교회들이 우후죽순 생겨나기 시작했다. 땀방울이 자연스럽게 해체되고 내게 민중교회 활동가에 대한 제안이 들어와 인천 서구에 있는 고백교회에 들어가게 되었다. 아마 89년으로 기억한다.

거기서 김영철 목사님과 함께 기타반을 만들었다. 간단하게 포스터를 만들고, 전봇대나 상점 기둥에 붙이며 다녔다. 예상외로 짧은 시간에 꽤 많은 청년 노동자들이 교회로 모였다. 대강 15명 정도로 기억한다. 그 친구들을 근간으로 교회 청년회를 만들었나. 당시에 다른 민중교회와 마찬가지로 집회도 나가고 학습도 진행했다. 그 청년회에 Y악기를 다니는 노동자들이 몇 명 있었다. 청년회에서 몇몇 친구들이 활동을 준비했지만 대부분 기억은 나지 않는다. Y악기가 기억에 남는 것은 아마도 석중이와 승미가 나중에 결혼을 하고 둘이 Y악기에서 노동조합을 만들고 투쟁도 함께했기 때문일 것이다. 그리고 고백교회를 나올 무렵 나는 결혼을 했다.

결혼

두 동생의 죽음은 내게도 적지 않은 충격을 주었다. 그 일이 일어나기 몇 개월 전 그리고 그 전해에도 그 아이들을 보았다. 아마도 그 아이들이 초등학교 1, 2학년 정도 되었던 것 같다. 방학에 시골에서 언니를 보려고 잠깐 올라왔던 적이 있었다. 그때 소모임을 함께했던 사람들이 밥도 사주고 용돈도 주고, 장난도 치고 함께 놀고는 했었다. 마찬가지로 나도 이 아이들을 가게 데리고 가서 아이스크림도 사주고는 했었다. 나중에 말자가 인천으로 다시 올라왔지만 나도 다른 사람들도 이후로는 두 동생의 일들을 한 번도 이야기하지 않았다. 그리고 나와 말자는 별다른 상황 전개 없이 결혼을 빠르게 진행하게 되었다. 정말 후다닥 해치웠다는 말이 맞을 것이다.

시간이 한참 흐르고 나서, 지금 결혼을 생각하면 아쉽거나 미안한 감정들이 솟아난다. 내가 결혼할 무렵 나는 정말 한 푼의 돈도 없었다. 그때 나는 고백교회에서 사찰 집사처럼 먹고 자고 했다. 내 소유물이라고는 숟가락 하나도 없었다. 숟가락, 밥그릇도 다 교회 물건이었다. 내 소유물이라면 아마도 양말, 팬티, 겨울옷, 여름옷, 운동화가 전부였다. 물려받을 재산도 없고 통장엔 적립된 한 푼의 돈도 없었다. 그러다 덜컥 결혼을 하게 되었다.

부모님이 다 돌아가셨으니 특별히 누구에게 허락받을 일도 없었다. 누나나 형이 있었지만 서로 독립적으로 살았기 때문에 내가 통보하다시피 한 것이지 무얼 어찌어찌 이야기하고 논의할 일도 없었다. 지금 생각하면 나는 뭔 생각으로 결혼을 진행했을까 돌아보면 참으로 대책 없이 사는 인생이구나 하는 생각이 든다. 아내의 말로는 그 대책 없이 사는 것은 그때나 지금이나 변한 것이 하나도 없다고 한다. 아마도 그것이 나에 대한 말자의 가장 큰 불만 중의 불만일 것이다.

내가 돈이 없다는 것을 잘 알고 있던 영민이 형이 학교 선후배들, 동기들에게 이야기를 해서 축의금을 미리 걷었다. 내 가정 형편을 잘 알던 선후배, 동기들이 십시일반 하여 결혼 한 달 전까지 미리 축의금을 걷어 주었다. 그때 걷혔던 돈이 300만 원이다. 내가 그것을 정확히 기억하는 것은 그 돈을 가지고 석남동에 작은 방 2개짜리 전세를 얻어들어 갔기 때문이다. 그 집의 전세금이 300만 원이었다. 문제는 그때 내게 아낌없이 300만 원 축의금을 보내준 사람들의 명단이 없다는 것이다. 나는 그들에게 감사의 인사를 제대로 해 본 기억이 없다. 아니 했는데, 기억이 나지 않을 수도 있겠다.

하지만 나이가 들고 살아온 날들에 대한 아쉬움이 올라오면 내게 큰 호의를 베풀어 준 사람들에 대한 무성의가 마치 풀리지 않는 업보처럼 다가온다. 다 잃어버리고 기억에서 사라졌지만 이 글이 작은 기도가 되어 하늘에서 단비가 되었으면 좋겠다. 그러고 보니 영민이 형이 내 삶 여기저기 깊숙이 개입되어 있었다. 나에게 정의로운 길을 보여 주었고, 삶의 기반도 만들어주었다. 다음에 만나면 이제 쫑알거리지 말고 생뚱맞더라도 고맙다는 말을 해야지. 그런 점에서 기억을 잘 다듬어야 하겠다.

내가 알고 있는 모든 사람에게 감사할 일들, 맺히고 응어리지고 풀어야 할 일들을 기억하고 만나서 감사와 아쉬움, 미안함의 인사를 해야 하겠다. 내게 인연으로 다가왔던 사람들의 얼굴을 하나하나 떠올리며 글을 쓰다 보니 벌써 기분이 좋아진다. 나 혼자 싱글싱글 웃고 있다. 아마 누가 보면 실성했다고 하려나. 내게 그렇게 감사해야 할 사람들이 참 많이 있다는 사실에 놀라고 또 그들을 생각하니 알 수 없는 기쁨이 올라온다는 것도 신기하다. 아마도 이 글쓰기가 나에게 준 선물일 것이다.

결혼을 생각하면 내가 꼭 사과해야 할 또 하나의 일이 있다. 내가 급박하게 서두른 탓도 있고 또 아무런 준비 없이 결혼한 탓이 크다. 결혼을 뭐 수학여행쯤으로 생각한 것은 아니었을까? 지금 생각하면 작은아버님이나 작은어머님이 제일 놀라지 않으셨을까? 돌이켜보면 그때 작은아버님댁에서 말자에게 최소한의 예물과 옷을 선물로 주셨다. 경제적으로 여유가 거의 없었던 분들인데 그걸 번갯불처럼 준비한다는 것이 엄청난 심적 부담을 가지셨을 것이다. 아! 내가 얼마나 무모한

가. 그리고 올해 초에 그 마음고생하신 작은아버님이 돌아가셨다.

처가도 마찬가지였을 것이다. 슬픔과 고통이 가득한 집에 상견례 한번 없이 그리고 아무런 준비 없이 딸을 결혼시키는 심정이 어떠했을까. 하여간 최소한의 살림 도구로서 장롱과 서랍장 하나 해주신 것을 기억한다. 이렇게 해서 예복을 마련하고 집을 장만하고 살림살이를 구성했다. 그런데 그때는 그것을 정말 몰랐다. 어쩌면 지금도 상황만 다를 뿐 그렇게 막무가내로 살아가는 것은 하나도 달라지지 않았는지 모른다. 그리고 그 심적, 물적 피해는 고스란히 함께 사는 가족들과 옆에 있는 사람들 몫으로 남겨지고 있는지 모른다. 내가 의도하든 의도 하지 않았든 그렇게 사람들의 마음에 상처들을 남기고 살아가는 것은 아닌지. 다른 사람들은 다 아는데 나만 모르고 살아가는 것은 아닌지.

인천노동선교문화원

86년 말에 나와 함께 인천을 내려와 준비학습을 함께했던 사람 중에 안태용 선배가 있었다. 내가 고백교회 활동가로 있고 결혼할 무렵 부평4공단 근처에 안태용 선배가 노동선교문화원을 만들었다. 나는 결혼과 거의 동시에 고백교회에서 인천노동선교문화원으로 자리를 옮겼다. 의미론적으로는 민중교회나 노동선교문화원이나 다를 바는 없었지만 교회라는 교리적 틀을 벗어나 좀 더 자유로운 공간을 확보할 수 있을 것이라 생각했다. 89년인가 90년인가, 산곡동 명신여고 바로 아래에 있는 3층짜리 건물에 들어갔다. 여기서 산악반, 기타반, 연극반, 작은 예수회와 같은 학습과 투쟁, 문화 소모임들을 만들었다.

하지만 이때부터 노동운동을 하는 외부 조직들은 크게 의미가 없게 되었다. 민주노총이나 금속노련과 같은 연합조직들 그리고 이미 투쟁 속에서 단련된 노동자들이 외부 조직의 힘을 빌리지 않아도 될 만큼 충분한 힘과 역량, 실력을 갖추게 되었다. 뿐만 아니라 사회주의 국가들의 붕괴는 기존 학생 출신의 활동가들의 해체를 알게 모르게 앞당겼을 것이다. 물론 이러한 평가에 대해서는 사람마다 다를 수 있겠다. 하여간 어떻게 당시를 평가하든 그런 사회적 흐름과 동시에 노동선교문화원도 다른 많은 작은 단체들과 마찬가지로 문을 닫게 되었다.

사람 사는 일들이 다 그렇겠지만, 그때는 잘 모르거나 중요하지 않거나 별거 아니라고 생각했던 것들이 시간이 지나고 추억으로만 존재하는 과거의 일들을 고요하게 바라볼 시간이 되면 그것이 얼마나 중요했고 소중한 시간들이었는지 전혀 다른 시각을 갖게 되는 경우가 종종 있는 것 같다. 그중의 하나가 내게는 안태용 선배와 관련된 일들일 것이다.

건물을 임대해 들어갔다. 그 임대비용은 고스란히 형의 몫이었다. 고향인 전남 나주에 부모님이 사셨다고 한다. 형은 그 집의 막내였다. 공부도 잘해서 서울에 있는 대학을 다녔으니 부모님은 얼마나 기뻐하셨을까. 그런데 어느 날 갑자기 나타나 자신에게 유산으로 물려줄 돈을 미리 당겨 달라는 황당한 요구를 하고는 떼를 써 받은 그 돈을 명신여고 밑, 2층 백제 갈비가 있던 건물 3층을 임대하고 내부 공사하는 데다 써버린 것이다. 그리고 이후에도 노동선교문화원 간사들 임금과 운영비도 오로지 형의 몫으로 일관했다. 생각건대 난 거기에 한 푼도 보탠 적이 없다. 내 기억으로는 다른 누구도 돈과 관련해서는 힘을 준 사람이 없다. 물론 후원자들은 여기저기 있었지만.

노동선교문화원이 문을 닫고 형은 영주인가 상주로 잠깐 거처를 옮긴 후, 임실에 있는 어느 문중의 선산 관리인, 즉 종묘지기로 삶의 둥지를 틀었다. 그게 벌써 30년은 되었을 거다. 거기서 선산을 관리하는 대가로 그 문중에 딸려 있는 작은 논밭에 농사를 지으며 살아간다. 나도 두세 번 가보았지만, 처음 갔을 때는 전기를 제외하고 전화 설치가 불가능했을 정도로 낙후했다. 비가 많이 오면 아예 집 앞에 들어가지도 못했다. 나중에 안 사실이지만 멀리 돌아서만 가능한 것으로 알고 있다. 거의 스님이 깊은 산중에 거친 손바닥 같은 암자 짓고 사는 것과 별반 다르지 않았다.

막무가내로 살아가는 고집은 아마도 내 열 배는 넘을 것이다. 그 형의 아들이 두어 달 전에 결혼을 했다. 결혼식장에서 양복을 입고 광낸 형의 모습을 처음 보았다. 예나 제나 잘 생기고 각 잡힌 몸매는 그대로다. 그 모습을 보고 지나간 시간들이 기억이 났다. 참으로 미안하고 별 도움이 되지 않았던 시간들이 스쳐 지나갔다. 나는 그때 왜 작은 힘이 되어 주지 못했을까. 나는 왜 그렇게 내 주장이 강했을까. 결혼을 끝내고 양복을 벗고 허름한 옷으로 형은 임실 종묘지기로 다시 돌아갔다. 형의 고독과 삶의 투쟁이 소금이 되고 빛이 되어 또 다른 모습으로 나타나리라 믿어 의심하지 않는다.

인천평화의료생활협동조합

영민이 형이 내게 하나의 제안을 했다. 일신동에 있는 평화의원이

의료생활협동조합을 준비하고 있는데, 실무자가 필요하니 내가 가는 것이 어떠하냐는 것이다. 당시에 의료생활협동조합이라는 단어조차도 처음 들었지만, 협동조합에 대한 몇몇 논의들을 살펴보다가 그것을 하기로 결정했다. 어쩌면 처음 대학에 들어오자마자 읽었던 아나키즘과 관련된 내용들이 나를 그곳으로 이끌었는지 모른다. 그리고 그런 방향이나 활동들이 내게 더 잘 맞는 옷은 아닐까 하는 생각이 들었다. 그때가 1995년도의 일이었다.

나는 그렇게 평화의원에 입사를 했다. 거기서의 내 역할은 지역 주민들을 설득해서 의료생활협동조합의 조합원으로 가입시키는 일이었다. 평화의원은 일신동 시장 입구에 있는 건물 2층에 입주해 있었는데, 조합원 가입을 위한 보건의료 프로그램을 기획하고 실행하였다. 기억에 제일 남는 것은 아마도 방문간호 프로그램일 것이다. 지금은 그것을 국가에서 지원해 주지만 그때는 그런 것이 전무했다. 평화의원 근처 독거노인분들, 치매, 중풍으로 고생하나 가족들의 돌봄이 너무 어려운 가정들을 방문하여 간단한 처치나 건강관리 돌봄의 일들을 하였다. 그것을 의사나 간호가 직접 하는 것이 아니라 지역에서 자원봉사자를 모집해서 진행했다.

동네에서 7~8분의 아주머니들이 일차로 섭외되었고, 간단한 혈압 측정과 같은 보건 교육을 실시했다. 이분들을 중심으로 몇몇 독거노인분이나 가족과 함께 있으나 맞벌이 등으로 일상적인 돌봄이 불가능한 가정을 방문했다. 처음 방문할 때는 대부분 간호사분들과 함께했다. 방문 시 어려운 상황이라 판단하면 즉시 병원에 알리고 의사 선생님이 직접 방문하는 것을 기준으로 삼았다. 대부분의 상태, 그것이 단순히 질병의 정도만이 아니라 위생 상태도 극히 불량했다. 그리고 이런 일을 보건소에서도 하고 있다는 사실을 알고는 찾아갔지만, 그것은 서류상의 의무이지 보건 인력의 절대 부족한 상황으로 거의 방치에 가까웠다. 아마 지금은 많이 달라졌을 것이다.

무엇보다 나를 가장 놀라게 한 것은 동네 자원봉사에 아낌없이 시간을 내어주신 아주머니들이다. 나중에 친해지고 안 사실이지만, 이분들은 평화의원을 빨갱이 병원으로 알고 계셨다고 한다. 그래서 처음 평화의원의 자원봉사로 돌봄 간호를 하는 것에 대단한 부담을 가지고 있었다고 한다. 그럼에도 돌봄 자원봉사를 하게 된 것은 같은 동네 살면서 노환과 고혈압, 중풍, 치매로 고생하는 분들을 옆에 그냥 두고 보기에는 마음이 너무 아팠기 때문이라고 했다. 의료적 지원 없이 자신이 그분들에게 도움을 줄 수 있는 게 없는데, 그것이 빨갱이 병원이든 뭐든 지원을 해준다는 것 자체가 큰 힘이 되었다는 것이다. 이분들과 나는 이념 문제나 사회 부정과 불의, 편견들과 위생의 문제 등등으로 많은 이야기를 나누었고 웃지 못할 에피소드들도 겪었다.

내가 거기서 본 것은 알게 모르게 지역사회 안에 참으로 선한 사람들이 많이 계신다는 것이다. 때때로 정치적인 견해 차이나 사회를 바라보는 입장에 차이가 존재할지 모르나 인간 내면 깊숙이 고여있는 연민과 동정과 자비의 맑은 우물이 존재하고 있다는 것이다. 그리고 그런 사람들이 하나둘 모이면 그 연민과 자비의 물들이 지하수가 되어 흐르고, 또 시간이 지나고 여기저기를 흐르다 밖으로 나와 강물이 되면 메마른 땅을 적실 것이라고 나는 믿는다.

경실련하이텔정보교육원

평화의원 입사 무렵, 주위에 많은 사람들이 다시 대학에 복학하거나 귀농하거나 제도권 시민단체, 사법고시 준비, 한의대 준비 혹은 정치권으로 자기 길들을 개척해 나갔다. 그때도 나는 뭘 해야 할지 멍했다. 특별히 복학할 마음도 없고 돈도 없었다. 그렇다고 시민단체 실무자로 들어가고 싶지도 않았고 정치권 주변에는 생각도 없었다. 물론 나를 부르는 사람도 하나 없었다. 그러다가 평화의원에서 의료생협을 추진한다고 하길래 실무자로 들어간 것이었는데 얼마 지나지 않아 내가 뭘 하는지, 이 운동이 어디로 가는지에 대한 아무런 믿음도 없었다. 하는 일이 모두 허공에 주먹을 휘두르는 것 같은 생각으로 가득 찼다. 그런 까닭에 내가 의료생협을 그만두게 된 것은 완전히 능력 없음에 대한 자신감의 상실이었을 것이다.

의료생협을 그만두고 경실련하이텔정보교육원으로 자리를 옮긴 것은 1998년의 일이다. 원래는 시골로 내려가려고 했다. 그렇다고 당시에 붐처럼 일었던 귀농이나 환경친화적인 삶, 그런 가치 의식적인 것이 아니라 그냥 단순히 도시를 떠난다는 생각이었다. 문제는 내 경제 사정이었다. 내 전 재산을 털어도 어디 집 하나 구할 돈이 없었다. 그래서 짧은 시간에 돈을 벌어볼 생각으로 경실련하이텔정보교육원을 선택했을 뿐이다.

1997년 말경에 그 유명한 외환위기가 터졌다. 그리고 그 어마어마한 일련의 사태가 김대중 정권을 탄생시켰고 다음 해 1998년에 소위 IMF 체제가 우리나라를 강타했다.

그때 우연히 소프트웨어 개발 관련 사업을 하던 친구가 향후 이 분야가 가장 전망 있을 것이고 이와 관련한 전문교육기관이 필요함을 내게 역설했다. 자기가 이 사업을 추진할 테니 자기와 같이하자는 이야기였다. 그러나 이 일에는 많은 돈이 필요했다. 공간도 필요하고 하드웨어, 소프트웨어 등등. 그것을 마련하려면 수억 원의 자본이 필요했는데, 나나 그 친구나 돈이 없기는 매한가지였다.

97년 외환위기와 IMF 체제는 한국 사회에 대규모 실업자를 양산했다. 이러한 사회적 분위기 속에서 실업 극복이라는 아젠다는 한국 사회 최대의 과제였다. 당시에 대통령으로 당선된 김대중 정권은 IT산업 육성을 가장 중요한 과제 중 하나로 설정하고 대대적인 투자를 진행했다. 이러한 두 가지 조건을 가지고 당시 경실련에 있던 선배와 동기들을 설득하기 시작했다. 실업 극복을 위해서 IT교육사업만 한 것이 없다는 것을 역설했다. IT산업이 김대중 대통령의 역점 사업이지만 당시 우리나라에는 그 산업을 이끌만한 인적 역량이 부족하니 이 인적 역량을 양성하면 커다란 취업시장을 형성하게 될 것이고 이는 실업, 특히 청년 실업문제를 획기적으로 해결할 수 있을 것이라는 논리였다.

실업문제가 워낙 화두에 가까워 경실련을 설득하는 것은 어렵지 않았다. 문제는 정부 지원을 받을 수 있는 법인을 설립하고, 교육훈련을 할 수 있는 장소, 각종 장비, 하드웨어, 소프트웨어 등등이 필요했다. 그것은 구체적으로 자본이 필요한 것이었는데, 법인 설립은 노동부에서, 장소는 IT 정보통신 사업이니만큼 당시 공기업이었던 KT를 설득하여 자회사로 있던 하이텔 사옥의 일부를 무상으로 받기로 했다. 다른 것들도 이와 유사하게 대기업 전자 회사, 마이크로소프트, 어도비 등을 설득해서 무상에 가까운 지원 구조를 만들어 냈다. 하지만 필요로 하는 자금은 그것으로 끝나는 것은 아니었다. 예상하지 못한 자금들이 많이 필요했다. 내 기억으로 처음 교육을 시작한 것이 보라매 공원 옆에 있던 하이텔 사옥에서 98년 8월경으로 생각하는데, 몇 개월이 지나지 않아 빚이 거의 10억 원 정도 되었다. 이 빚과 경실련의 내적 문제가 겹치면서 이 IT교육사업은 우왕좌왕하게 되었고 이 바람에 내가 엉겁결에 원장이 되었다. 그런데 말이 원장이지 사실은 10억 원 정도의 부채를 해결해야 하는 책무가 주어졌을 뿐이다. 그 책무로 시골로 내려가려던 징검다리가 콘크리트 애물단지가 돼버렸다.

경실련하이텔정보교육원의 이사장님은 지금은 돌아가신 김윤환 교수님이셨다. 고려대학교 노동문제연구소를 60년대에 설립하시고 박정희 군사정권에서 여러 번 해직을 겪으셨다. 아마『한국노동운동사』를 처음으로 집필하셔서 노동운동 하던 꽤 많은 활동가들이 그 책으로 공부한 것으로 안다. 노동운동에 대한 엄청난 애정을 가지고 계셨다. 교수님은 일주일에 한 번 정도 교육원에 나오셨다. 그분을 통해서 웬만한 책에서는 알지 못한, 역사적 고증은 하기 어려운 에피소드도 많이 들었다.

일주일에 한 번 정도 나오실 때마다 그분을 존경하거나 따르는 제자들, 후학분들의 방문이 있고는 했다. 그때마다 교수님에게 고급 양주나 양질의 담근 술을 놓고 갔는데, 그런 일이 있으면 언제나 나를 불러서 대낮에 술을 먹고는 했다. 그때 참 술을 많이 먹었다. 교수님만 술을 준 게 아니라 함께 일하던 직원 중 한 명이 술을 좋아했는데, 술 생각이 나면 나를 꼬드겨서 점심 먹을 때면 늘 소주 한 병 먹고 오후 일을 시작했다. 지금 생각해 보면 그가 꼬드긴 것인지 내가 그를 꼬드긴 것인지 알 수는 없다. 내 책상 밑에는 항상 소주가 한 병 놓여 있었다. 그 꼬드긴 친구는 지금도 만난다. 사람의 인연이란 참 질기고 알 수가 없다.

경실련하이텔정보교원의 이름을 가지게 된 배경에는 이 일의 추진 주체가 경실련이었고, 장소를 무료로 대여한 하이텔이 있었기 때문이다. 당시 경실련의 사무총장은 Y 선배였다. 그리고 어떤 인연인지는 모르지만, 사무총장 밑에 있는 국·실장들이 학교는 다르지만 모두 나와 동기였다. 나더러 인천에서 서울로 올라왔으니 앞으로 함께 경실련 국·실장회의에 참석하라고 했지만 나는 참석하지 않았다. 나는 어떤 가치 의식으로 참여한 것이 아니고 단순히 징검다리로 들어왔을 뿐이었기 때문이라고 말했다. 그리고 교육원을 필요로 하는 적절한 사람이 나타나면 나는 언제든 그만두기로 했다. 하지만 정작 20여 년을 거기에 있게 되었다. 사람의 일이란 정말 알 수가 없다. 그렇게 내 인생의 가장 긴 암흑기가 시작되었다.

경실련하이텔정보교육원의 부채는 경실련의 누구도 예상하지 못했다. 시민사회운동만 해 오던 그들이 실제 사업이 진행되면서 발생하는 세세한 부분에 대해서는 거의 무지에 가까웠기 때문일 것이다. 물론 나도 무지에 가깝기는 마찬가지였다. 아마 경실련만 그런 것이 아니라 당시에 시민사회운동을 하던 단체들이 대부분 그러했던 것으로 안다. 뭔가 대안으로 생각했던 경실련하이텔정보교육원은 이제 실무자 선에서의 골칫덩어리가 아니라 경실련 자체의 골칫덩어리가 되었다. 그래서 이 사업 단위의 부채를 해결하면서 원만하게 경영할 만한 인물을 찾기 시작했다. 그 적절한 인물을 찾는 것이 이 사업 단위의 관리 운영과 더불어 내게 주어진 임무이기도 했다.

그렇게 이 사업을 경영하면서 재력을 겸비한 사람을 2년 만에 찾게 되었다. 나는 경실련 사무총장의 승인하에 그에게 넘겨주고는 서울의 생활을 접고 드디어 시골로 낙향하게 되었다. 그때가 Y2K로 떠들썩했던 2000년이었다.

시골에 내려가는 것을 극구 반대한 것은 아내였다. 시골 생활에 대한 트라우마에 가까운 감정을 지니고 있었다. 하지만 그때는 난 그것을 인지하지 못했다. 그저 도시 생활을 접고 싶었을 뿐이었다. 아내가 시골행을 동의한 것은 아들 해빈이 때문이라고 내게 이야기한다. 아내는 해빈이가 학교에 잘 적응하지 못하고 친구들과도 잘 어울리지 못하는 모습을 보면서 자폐에 대한 두려움이 생겼다고 한다. 사실 자폐까지는 아니더라도 정서적 부적응이 있다는 것에는 나도 어느 정도 동의하고 있었다. 사실 그것이 늘 내 마음을 아프게 했다. 아내는 그것이 시골로 내려가면 나아지지 않을까 하는 생각을 갖고 있었다. 처음에는 경기도 이천에 살고 있던 누나의 집으로 갔다. 한 일 년 정도 있었다. 거기서 다음 행선지를 고민했다.

봉화, 영주, 울산, 순천 등지를 돌았다. 하지만 내 경제적 형편으로 어디 자리를 잡기가 쉽지 않았다. 그래서 돌고 돌아간 곳이 충남 홍성의 처가 집이었다. 비용이 들지 않았기 때문이다. 거기서 아이들을 초등학교에 전학을 시키고 나는 처갓집 땅에서 농사를 지었다. 말이 농사이지 사실은 장모님 농사일에 뒷짐 지고 머리 긁적이는 정도라 해야 맞을 것이다. 어설프고 서툴지만 거기서 두 해를 꼬박 논과 밭에서 살았다.

아이들, 해빈이와 해원이가 다닌 학교의 이름은 은하초등학교이다. 물론 아내는 아이들의 초등학교 대선배이기도 하다. 내 인생에 제일 잘한 일이 있다면 아마도 그 학교에 아이들을 보낸 것이리라. 일단 초등학교 이름이 무척 마음에 들기 때문이기도 했다. 이 학교는 우리가 내려오기 꽤 오래전, 주변의 3개 초등학교가 통폐합되었다고 한다. 3개 학교가 통폐합되었어도 한 학년의 전체 숫자는 10여 명을 조금 넘었으니 전교생이 100명 채 안 된 것으로 기억한다.

학교 앞에는 손바닥만 한 문방구 하나 있을 뿐 학원이나 구멍가게조차 하나 없었다. 학교가 끝나고 집으로 오는 버스를 놓쳐버리면 꼬박 두 시간 이상을 기다려야 해서 아이들은 그냥 논길을 따라 자기 집을 차례대로 가야 했다. 아이들은 집으로 오면서 논길, 밭길, 산길을 장난과 놀이를 하면서 왔다. 방과 후에 먼 길을 함께 걸으며 친구들과 정을 나눈 덕인지 아니면 시골의 넉넉한 숨 쉴 공간 때문인지 해빈이의 정서는 눈에 띄게 달라졌다. 그것이 우리 부부가 가장 감사하게 생각한 일이었을 것이다.

하지만 큰 아이 해빈이가 초등학교를 졸업할 무렵 생각지 않은 일로 홍성을 떠나게 되었다. 떠도는 이야기인데, 사실 확인은 불가능하다. 첫째는 나에 대한 흉흉한 이야기이다. 대학을 나온 사위가 온다길래 돈이 많은 줄 알았는데 빈털터리다 보니 처갓집 재산을 노리는 것이 아니냐는 이야기가 있었다. 이런 이야기는 그리 널리 회자되지는 않은 것으로 아는데, 처갓집 재산을 노릴 만큼 처가의 재산이 많은 것도 아니요, 빈털터리는 맞는데 그럴 사람으로 보이지는 않았기 때문이었을 것이다.

이 문제는 내 귀에도 들렸지만 신경이 쓰이지도 않았고 관심 자체가 가지 않았다. 문제는 그것이 아니라 처남의 결혼 문제였다. 처남은 그 집안의 4대 독자이다. 그런 아들이 장가를 가는데 그 비용을 감당할 누구도 없었다. 그러니 장모님은 얼마 안 되는 땅을 처분해서 결혼 비용을 장만하고 싶으셨을 것이다. 그런데 사위가 와서 조몰락조몰락 농사를 짓는다 하니 이러지도 저러지도 못하신 것이다.

어느 날 내가 아내에게 이 문제를 말했더니 이제야 알았냐 하면서 눈치가 없어도 정말 없다고 핀잔을 주었다. 나는 고민의 여지 없이 바로 처갓집을 떠나기로 하고 장모님께 말씀드렸다. 그리고 다시 이사 갈 장소를 물색하기 시작했다. 아이들 학교 문제가 있으니 멀리 가기도 그렇고 눈치가 보이니 근처는 피해야 하고, 그런 적절한 장소를 구하려 하니 푼돈으로 적당한 집을 구하고 살림을 꾸릴만한 장소를 찾지 못했다.

그 와중에 서울에서 교육원에서 함께 일했던 지형이라는 직원이 찾아왔다. 내가 교육원을 물려준 사람에게서 이 친구가 다시 물려받게 되었다는 이야기를 들었다. 그리고 나더러 자기 사업을 도와 달라는 이야기를 하며 베트남에 정보통신교육사업을 내게 제안했다. 비용 전체를 그가 부담하는 조건이었다. 그는 내가 빈털터리라는 것을 제일 잘 알고 있었다. 나는 몇 일을 고민하다가 어차피 이사 문제가 고민이 되던 차에 그의 제안대로 베트남에서 새로운 일을 하기로 마음먹었다. 그렇게 나는 베트남 비행기에 몸을 실었다. 호지명(胡志明). 그분에 대한 혹은 베트남 혁명전쟁에 대한 일종의 환상이 내게 존재했었다. 어쩌면 사업보다도 그런 어떤 무엇이 나를 더 움직이게 했는지 모른다. 2002년 한일 월드컵이 있던 바로 다음 해, 2003년 9월이었다. 사람의 인생이란 참 알 수가 없다.

베트남으로

베트남 호치민시에 짐을 풀었다. 작은 모텔 같은 곳이었다. 통역할 사람도 구했다. 한국어학과 대학원생이라고 들었다. 그의 안내에 따라 여러 교육기관이나 산업시설, 잘 알려져 있는 거리들을 돌아다녔다. 모텔 근처에 큰 공원이 하나 있었다. 나는 아침마다 산책 겸해서 그 공원을 걸어 다녔다. 그때 본 가장 큰 충격은 공원 가는 길에 혹은 공원 안에서 초등학생으로 보이는 어린아이들이 복권을 파는 모습이었다. 2~3학년 정도 되어 보였다. 내가 외국 사람이라는 생각이 들었는지, 내가 공원을 혼자 걸어 다니면 몇몇 아이들이 다가와 복권을 사달라고 조르곤 했다.

그런 모습이 베트남 사회의 여러 단편들에 대한 색안경이 되기 시작했다. 사이공의 흰옷은 어디로 갔을까. 이러려고 피 흘리고 혁명을 했나. 가난이 문제가 아니라 정의라든지 공평이라든지 사람에 대한 예의 같은 것이었다. 별의별 생각이 들었다. 호치민에 3개월 정도 있었다. 그 3개월 간의 내 시선은 긍정적 모습보다는 부정적 모습들이 더 많이 눈에 띄었다. 그럼에도 베트남의 거리는 정이 많이 갔다. 돌아다니는 사람들, 만나는 사람마다 정이 많이 갔다. 나는 외국 여행을 거의 다녀본 적이 없다. 하지만 자리를 잡고 어디 살 것인가 묻는다면 나는 베트남에 살고 싶다고 말할 것이다. 나 말고도 그런 사람들을 베트남에서 여러 명을 만났다. 우연히 여행을 오거나 사업차 들렀다가 아예 베트남에 자리를 틀고 이민의 형태로 사는 한국 사람들을 많이 보았다. 지금도 베트남은 이유 없이 제일 정이 많이 간다. 내 삶 한 귀퉁이에 여유가 있다면 베트남에 다시 가 살고 싶다.

다시 서울로, 경실련하이텔정보교육원으로

베트남에 자리를 잡지 못한 것은 다시 그놈의 경실련하이텔정보교육원 때문이었다. 내가 나간 이후로 2000년의 웹서비스를 기반으로 한 묻지마 투자가 광풍이 불어 잠시 교육사업이 반짝했다가 묻지마 투자의 몰락과 함께 그쪽 사업도 힘을 많이 잃었다. 그것이 이유가 되어 베트남에 있는 동안 여러 우여곡절 끝에 내가 구원투수처럼 다시 교육원 원장이 되었다. 원래 내가 넘겨줄 당시 경실련과 단절을 조건으로 넘겨준 것인데, 어찌 된 이유에서인지 계속 관계를 유지하고 있었다. 나는 잘 모르지만 뭔가 상호 간의 유지할 만한 이유가 있었을 것이다. 그런데 나는 왜 다시 그리로 기어들어 갔을까? 그쪽의 부탁을 나는 왜 거절하지 않았을까? 내가 처가나 홍성 근처에 자리를 잡고 살 수 없었기 때문이었을까 아니면 늘 그렇듯이 치열하게 살기보다는 얼기설기 엉성하게 살아온 내 인생의 답습을 반복하는 매너리즘에 빠져 살기 때문이었을까. 혹은 두 개가 분리된 것이 아니라 하나가 둘로 보일 뿐인지 모른다. 그렇게 길고 긴 내 인생의 암흑기는 계속되고 있었다.

다시 돌아온 교육원은 다시 예전의 모습으로 돌아가 있었다. 약 10억 원의 빚이 있었다. 나는 다시 그때처럼 쉽게 교육원을 처리할 수 있을 것이라 생각했지만 상황이 많이 달랐다. 그때는 IT산업을 중심으로 한 묻지마 투자 시절이었고, 내가 베트남에서 돌아와 다시 교육원에 들어왔을 때는 완전히 거품이 사라진 뒤였다. 그렇게 15년을 거기서 더 지내게 되었으니, 처음부터 합산하면 20여 년을 지내게 된 셈이었다. 부채 문제로 신용불량자 문턱까지 여러 번 왔다 갔다 했지만 중간에 몇 번은 예상하지 않은 운도 따라서 완전히 다른 인생이 될 뻔도 했었다. 하지만 하나님은 돈과는 전혀 관계없는 운명을 내게 주셨다. 빚으로 점철된 내 중년의 인생은 부채로 점철된 교육원의 궤적과 완전히 일치해 있었다. 내가 이 부채와 빚으로 인생이 끝나는 것은 아닐까 하는 두려움이 나타날 만한 오랜 시간이 지났을 때, 우연하게 이 교육원을 넘겨받을 사람들을 만났다. 그리고 이번에는 두 번 다시 돌아오지 않도록 경실련의 이름도 떼고 법인의 성격도 바꾸어 돌아올 길을 완전히 부수고 나왔다. 이제는 누구도 나를 다시 여기로 불러들이지 않을 것이다.

교육원을 그만두다

교육원을 그만두고 3년을 온전히 실업자로 살았다. 퇴직금과 부정기적인 아르바이트로 살았다. 그때 처음으로 아내와 해외여행을 떠났다. 중국의 장가계, 그리스, 터기 그리고 일본에 있는 말자(아내)의 외삼촌 집으로 정말 마음 편하게 돌아다녔다. 그렇게 돌아도 다니고 읽고 싶었던 책들도 다시 읽기 시작했다. 동네의 작은 도서관에 출근하듯 가서 책을 읽었다. 그때 우연히 꿈 워크숍 참가 제안을 받았다.

평소에 관심이 있던 차에 참석하게 되었다.

거기서 내 꿈과 관련한 이야기를 나누던 중, 어린 시절 돌아가신 아버지 어머니에 대한 어떤 관계가 일시에 풀어지는 경험을 하게 되었다. 마치 아버지 어머니가 지금까지 내 가슴 안에서 울고 계셨다는 생각이 들었다. 그리고 이제 나도 아버지 어머니도 모두 제자리를 찾아가야 한다는 생각이 들었다. 그 꿈의 이야기를 통해서 환하게 미소 짓는 나와 아버지 그리고 어머니의 미묘하고 강한 어떤 느낌을 통해 어린 시절, 청소년기 시절의 모든 일들이 다 안개처럼 사라지고 자유스러워 지는 느낌을 갖게 되었다. 또 다른 인생이 내게 나타날 것 같은 호기심 가득한 즐거움이 내게 솟아났다.

그렇게 서울의 일을 정리하고 3년 정도 지나고 나서 청소하는 일을 시작으로 지금은 장례지도사의 일을 하고 있다. 이 일을 시작하기 전 나는 또 꿈을 꾸었다. 꿈속에서 구더기를 보았다. 다른 것은 기억이 나지 않았다. 그냥 구더기만을 보았다. 꿈을 깨고 나서 스스로 생각해 보았다. 하나님께서 나더러 구더기의 삶을 배우고, 구더기처럼 살아가라는 말씀처럼 느껴지기도 하고, 구더기가 마치 시신을 염한 모습과 너무 닮아 그러한 삶을 살아야 하겠다는 생각을 했다. 구더기의 꿈이 죽은 사람들, 시신들을 깨끗이 닦아드리고 그분들을 잘 보내드리라는 의미로 받아들였다. 그것이 어쩌면 부모님을 내 어린 나이에 돌아가시게 한 하나님의 뜻은 아닐까 하는 생각도 들었다. 물론 어떠한 근거도 없고 믿을만한 내용도 아니지만 나는 그 생각을 있는 그대로 감사함으로 받아들이기로 했다.

난 어릴 때부터 산 오르는 것을 좋아했다. 인천의 몇몇 공장을 전전하면서도 늘 함께했던 사람들과 산을 다녔다. 인천노동선교문화원을 하면서도 산악반을 만들고 산을 다녔다. 교육원을 그만두고 3년 정도 쉴 때도 산을 다녔다. 어느 날인가 산을 올라가 맨 꼭대기에 땀을 흘리고 서서는 아래를 보는데, 내가 걸어온 길들이 드문드문 보였다. 내가 걸어왔던 길만 보인 것이 아니라 다른 사람들이 여기저기 산의 흠집을 내어 만든 다른 길들도 보였다. 그리고 어느 길로 올라오든 그 마지막 끝점에서 모두가 홀가분하게 짐을 내려놓고 쉬고 있었다. 누구는 앉아 있고 누구는 서 있었다. 어느 길을 걸어 올라왔든 산꼭대기에서 보면 그 올라온 아래의 길과 경치는 언제나 편안하고 아름답고 시원하고 자유스러운 느낌을 지울 수 없다. 그 꼭대기에서 한참을 말없이 있다가 문득 내 인생의 끝에서 살아 온 여정을 바라보면 이렇게 자유스럽고 평안함을 가질 수 있을까 하는 생각을 하였다. 그리고 그 마지막 끝점은 아마도 죽음의 지점은 아닐까 하는 생각을 가지게 되었다. 그것이 구더기의 꿈과 함께 장례지도사의 길을 가는 것이 내 인생 마지막 소명으로 다가오는 막연한 생각을 하게 만들었다. 그렇게 나는 또 아무런 근거 없는 막연한 삶을 선택하게 되었다.

나의 아이들, 해빈이와 해원이

내가 내 인생을 어떻게 평가하든 관계없이 나와 말자(아내의 별명)의 아이들은 무럭무럭 잘 크고 있었다. 해빈이는 91년에 해원이는 93년에 태어났다. 이 아이들이 성인이 되어 자기 삶을 독립적으로 꾸릴 때까지 나는 이 교육원에서 돈을 벌었다. 비록 모든 것이 빚잔치로 시작해서 넘겨줄 때까지 빛 속에서 허덕였지만 말이다.

처음 큰 아이가 태어날 때, 그때도 결혼할 때와 비슷했다. 아무런 준비도 되어 있지 않았다. 산부인과 비용이 나름 부담이 되고 있을 때, 신 선생님이 모자보건센터를 소개해 주셨다. 모자보건센터에서 무료로 출산을 하게 되었고, 다행히 아내의 건강 상태가 좋아서 자연분만으로 순산을 하게 되었다.

진통이 시작되었다. 나는 택시를 잡고 모자보건센터로 향했다. 아내와 둘이 모자보건센터로 갔다. 분만대기실 침대에 누워있었는데, 진통도 사라지고 별 이상 없이 시간이 흘렀다. 그러다 배가 고프다고 했다. 별 이상도 없고 해서 의사의 허락하에 밖으로 나갔다. 나와서 얼마를 걸었는데 전혀 진통이 오지 않아 그냥 집으로 가서 밥 먹으려 하다 갑자기 짜장면이 먹고 싶다길래 앞에 있는 중국집으로 들어갔다. 거기서 짜장면을 반쯤 먹었을까, 다시 진통이 온다고 해서 우리는 서둘러 다시 모자보건센터로 갔다. 분만대기실에 들어가고 두 시간 채 안 되어 간호사가 환히 웃으며 순산했다고 나더러 들어오라고 했다. 밖에서 서성거리며 담배 대여섯 대 피우고 나니 아기가 나왔다. 참 신기했다. 지금 생각해도 신기하다.

이 이야기를 아내와 가끔 생각나면 한다. 하나는 내가 얼마나 어처구니없이 아이 낳을 준비를 했는가 하는 것이고, 순산을 했다고 내가 말하는 것에 대한 분노(?)이다. 아이 낳으며 겪는 고통에 대해 눈꼽만큼도 공감을 하지 못한다는 내용이다. 그리고 그 공감 부족에 대한 정서적 능력은 그 이후로도 모든 내 일상의 삶에 꼬리표처럼 달고 다닌다. 하지만 가끔 짜장면과 함께 태어난 이야기를 하면 당시 상황이

첫째, 아들 해빈

너무 웃기고 황당해서 짜장면 아기라는 생각으로 웃고는 한다. 그리고 둘째인 딸, 해원이도 이와 동일한 일들을 겪으며 태어났다. 아마 큰 아이보다는 진통을 한 시간 정도 더 했었지만 여전히 큰 탈 없이 자연분만으로 낳았으니 고통은 이루 말할 수 없었겠지만 그만한 축복도 찾기는 어렵지 않았을까 한다.

둘째 해원이가 태어났을 때는 그래도 첫째의 경험이 있어서 산후 과정을 처형이 해주었지만, 큰 아이의 경우는 누구에게도 부탁을 할 수 있는 입장이 아니었다. 우리가 사는 단칸방의 환경도 그리 호락호락하지는 않았다. 그래서 궁리한 끝에 생각한 것이 이천에 홀로 사는 누님 집으로 정했다. 거기서 3개월을 아내가 해빈이와 함께 지냈다.

나는 아이들을 데리고 밖으로 돌아다니는 걸 좋아했는데, 이유가 특별히 있는 것은 아니었고, 아이들이 너무 이쁘고 귀여워서 사람들에게 자랑하고 싶었기 때문이었다. 내 뱃속에서 나온 것은 아니지만 어떻게 나와 관계되어 이렇게 예쁜 아이들이 나올 수 있을까 그게 참으로 신기했다. 지금도 가끔 아이들의 아기 시절의 사진을 보면 참 신기하다는 생각을 한다. 참 신기하다.

　아이들을 생각하면 부모님의 죽음이 내 한 편을 붙들고 있었던 것처럼 아이들은 다른 내 한 편을 붙잡고 다닌다. 부모님의 죽음이 막연한 상실에 대한 슬픔이라면 아이들에 대한 생각은 아무런 대안 없이 출산을 준비했다는 것이고, 다른 하나는 때때로 내 실존에 대한 불만을 아이들에게 투영시킴으로서 크고 작은 마음의 짐들을 나와 아이들의 마음에 새겨 놓았기 때문일 것이다.

　내가 서울 생활을 정리하고 홍성 은하로 내려가기 전에 이천 누님 집에서 잠깐 살았다. 해빈이가 4학년, 해원이가 2학년 때였을 것이다. 이름이 정확한지는 잘 모르는데, 그때 아이들에게 다마고찌인가 하는 동그란 장난감 게임기가 유행이었다. 뭘 누르든가 하면 그 동그란 장난감 게임기 안에 있는 강아지 같은 것이 커지든가 하는 그런 것이었을 것이다. 아이들이 거기에 푹 빠져 다른 것은 아예 거들떠보지도 않았다. 너무 걱정이 되어 아이들에게 몇 번 이러저러하게 꾸지람도 하고 타이르기도 했지만 말을 듣지 않았다. 그래서 어떤 과정을 거쳐 아이들 앞에서 망치로 그 장난감을 부셔 버리게 되었다. 그 장난감 게임기를 내 손에 들려 있던 망치로 깨고 나서 순간 아차했다. 이런 바보 같은 일을 저지르다니. 아이들이 그 소중하게 여기던 게임기를 내 손으로 부수다니. 방법이 그것밖에는 없었나 하는 때늦은 후회를 하였다. 옆에서 보고 있던 아내도 두고두고 내게 그 이야기를 한다. 내가 아이들 마음에 크나큰 상처를 주었다는 자책감이 아이들을 키우면서 내내

둘째, 딸 해빈

마음을 떠나지 않았다. 하기야 상처 준 것이 그것만은 아니었겠지만 그것이 내 마음에 가장 크게 자리하고 있다.

    아이들이 고등학교에 들어가고 나서야 나는 아이들을 불러서 그때의 일을 이야기하고 아이들에게 미안하다고 사과를 했다. 하지만 그렇다고 마음에 난 상처가 다 아물기야 하겠나 하는 생각도 들어 가끔은 기도를 한다.

    주님, 내 인생도 그렇지만 어느 누구하나 자기 생각한 대로 인생이 펼쳐지지는 않습니다. 그러니 하나님, 당신이 야곱과 함께하셨듯이 우리 아이들과 늘 함께해 주시기를 기도합니다. 형제들에게 버림받았던 요셉과 늘 함께하시며 그에게 축복해 주셨던 것처럼, 나의 아이들, 해빈이 해원이에게도 야곱처럼 요셉처럼 주님께서 함께하시는 축복을 내려 주십시오. 아멘.

나이가 들면서, 거리를 지나다니는 아이들만 보면 예쁘다. 때때로 엄마 손, 아빠 손을 잡고 걸어가는 아기를 보면 마치 천국이 따로 없다는 생각이 들기도 하고 아기들 몇몇이 손을 잡고 걸어가는 모습을 보면 천국이 굴러다닌다는 느낌에 별생각 없이 기분이 좋기도 하다. 거리에 아기들이 걸어 다니는 모습을 보면 언제나 우리 아이들의 어린 시절을 생각하게 된다. 그리고 나의 아이들, 해빈이 해원이는 내게 여전히 천국이다. 그러므로 나의 삶 또한 천국이다.

그렇게 엎치락뒤치락 내 인생은 아직도 엉성하게 진행 중이다.

VIII. 후기

몇 년 전부터 죽음이란 무엇인가 하는 궁금증이 생겼다. 죽음과 관련된 책들을 뒤적거리기도 했고 죽음과 관련한 몇몇 강좌들을 찾아 다니기도 했다. 그러다가 죽음의 자리에서 내 인생을 바라보면 내 인생이 어떻게 보일까 하는 생각을 하게 된 것이 자서전을 쓰게 된 처음 배경이었다.

그러던 차에 이성수 센터장님이 부평도서관에서 기획하는 자서전 쓰기 프로그램을 소개하였다. 대부분의 사람들이 그러하듯이 처음에는 약간 망설였는데 그것은 자서전에 내어놓을 만한 인생의 그럴듯한 거리가 없었기 때문이었다. 그래도 용기를 내어 참여하기로 한 것은 누구에게 자랑삼아 내 인생을 보여 주려는 의미보다는 내 인생을 한 번 정리해 봄을 통해 인생의 후반부를 어떻게 살 것인가를 고민해 볼 수 있는 기회라고 생각했기 때문이다.

처음에 시작할 때는 쉽게 쉽게 빨리 쓸 수 있을 것 같았는데, 한 달이 되도록 단 한 줄도 쓰지 못했다. 한 줄도 쓰지 못하는 내가 아이러니 했다. 내가 살아온 이력이 다 내 머릿속에 있는데, 그것을 쓰지 못하는 나 자신이 이해가 가지 않았다. 뭐, 고난이도의 수학 문제를 푸는 것도 아닌데 왜 단 한 줄도 쓰지 못하는 것일까 하는 생각을 며칠 동안 했다. 그때 처음 알았다. 내 인생이 내 머릿속에 기억으로 다 존재하지만 그것이 밖으로 일목요연하게 나올 수 있도록 정리되어 있지 않고 얽히고설킨 실타래처럼 존재할 뿐이었다. 그 실타래처럼 얽힌 기억들을 순서에 맞게, 삶의 의미에 맞게 나에게도 타인에게도 이해되어질 수 있도록 정리되어 있지 않았다는 것을 알게 되었다. 그래서 한 줄의 글을 쓰게 되기까지 처음 나는 많은 시간을 가만히 지켜봐야만 했다. 다른 하나의 이유가 또 있다면 그것은 나와 함께 자서전 쓰기 그룹에 참여하신 분들이나 내 글을 읽을 나도 모르는 누군가를 내가 너무 의식한 것은 아니었나 하는 생각도 들었다. 그러다 보니 뭔가 글을 꾸며 쓰려는 내 억지가 한 줄의 글을 쓰기 힘들게 만들었는지도 모르겠다는 생각을 해 보았다.

그래서 눈 꽉 감고 내가 태어난 날의 단순 날짜 기록을 시작으로 의도를 갖지 않고, 깊이 생각하지 않고, 앞뒤 문맥이 맞든 틀리든, 논리적 정합성이 있든 없든, 이해가 가든 이해가 가지 않든 그런 것에 상관하지 말고 처음 머릿속에 생각나는 것을 무작정 타이핑 하기로 마음먹었다. 그리고 그렇게 하루하루 생각나는 대로 컴퓨터 자판을 날아다녔다.

나의 이 자서전 쓰기 프로그램의 첫 문제의식은 죽음이었다. 그래서 나의 죽음의 자리에서 과거를 바라다보니 내게 일어난 어떤 사건들보다는 사람들이 먼저 눈에 띄었다. 나를 존재하게 해준 부모님, 가족들, 선후배들, 동료들 그중에서도 이런저런 이유로 내게 크고 작은 업으로 남은 사람들에 대한 생각이 가장 많이 났다. 내 가슴에 상처로 남은 사람들, 내가 상처를 준 사람들, 미안함과 감사함으로 남은 사람들, 사과하고 용서를 빌어야 할 사람들, 내게 많은 은혜를 베풀어 준 사람들에 대한 기억이 내가 자라온 시간 순서와 관계없이 내 머릿속과 가슴에서 올라왔다. 아쉬움이 있다면 이 자서전에 기록되지 않은 이름들의 사람들이다. 자서전을 쓰면서 여기에 등장하지 않은 사람들에 대한 생각도 많이 났다. 하지만 그 사람 모두를 쓰게 된다면 아마 1년 내내 글쓰기에만 몰두해도 다 쓰지 못할 것 같아 충동적으로—정말 충동적으로— 생각나는 사람들에 대한 기억만 쓰게 되었다. 하여간 이런 이유에서도 나는 이 자서전이 책의 형태로 만들어지지 않았으면 했는데, 나 혼자만의 일이 아니니 그냥 묻어가기로 했다. 그것은 알게 모르게 내게 많은 걱정과 사랑을 보내준 여러 사람이 있었는데 여기에 나타나지 않음으로 내게 많은 서운함을 가질 수 있겠다는 미안함도 함께 있다. 그래서 이 글쓰기를 기반으로 해서 10년 후에 다시 자서전을 쓸까 한다. 그때는 시간을 충분히 갖고 나와 함께했던, 여기에 나오지 않는 사람들의 이야기도 쓸 수 있지 않을까 한다. 여기에 자기 이름이 나오지 않은 것에 대해 서운해할 사람들이 지금 여럿이 생각난다. 미안하고 아쉬움 많지만 10년 후의 글쓰기에서 다시 만나길 약속한다.

장문의 글을 처음 써보았다. 중간중간에 포기하려는 마음도 많았다. 내가 포기하지 않고 글을 쓰게 된 데는 박남수 선생님, 이세영 선생님, 강태욱 선생님, 김영철 목사님, 안재환 선생님, 나지현 선생님, 이성수 선생님, 조부현 선생님께서 처음부터 줄곧 호흡을 맞추어주셨기 때문이다. 특히 힘들 때마다 고삐를 당겨주시고 아무 생각 없이 쓴 글임에도 불구하고 글자 하나하나까지 최선을 다해 읽어주시고 조언해 주신 양진채 작가님께 감사를 드린다. 또한 성실과 묵직한 글쓰기가 무엇인지 보여 주신 이세영 선생님, '감사의 인생'이란 단어로 내게 영감을 불어넣어 주신 박남수 선생님이 아니었더라면 나는 이 글쓰기를 중간에 포기했을지도 모른다. 마지막으로 출판까지의 모든 수고를 제공해 주신 부평도서관에도 큰 감사를 드린다.

무엇보다 자서전 쓰기를 통해 나는 다음과 같은 교훈을 얻었다.

자서전을 쓰기 전까지는 내가 어떤 인생을 살았는지 알 수 없었다. 자서전 쓰기를 통해 내가 살아왔던 삶의 진실은 무엇이었으며, 삶의 어떤 신비가 내게 찾아올 것인지 생각하고 다가올 삶의 신비를 감사로 맞이할 준비를 할 수 있게 되었다.

자서전 쓰기를 통해 비로소 버림받은 주변부 삶의 조각들이 세상 한가운데로 들어와 내 인생의 주인이 될 수 있었다.

월미도, 노을을 바라보며

이승용 연표

1962년	서울 불광동에서 태어남. 누나, 형과 함께 3남매
1975년	아버님 돌아가심
1976년	연서중학교 입학
1979년	명지고등학교 입학. 어머님 돌아가심
1981년	서강대학교 입학
1983년	군 입대
1986년	군 전역. 덕은리(자취). 서강대학교 중퇴
1987년	인천 산곡동 이사. K공작소 입사. 땀방울(친목회) 결성
1990년	결혼. 인천노동선교문화원
1991년	이해빈(아들) 출생
1993년	이해원(딸) 출생
1996년	인천평화의료생협 기획실장
1998년	경실련하이텔정보교육원 입사. 사무국장, 원장
2003년	KH정보교육원(구. 경실련하이텔정보교육원) 원장
2021년	인천주거복지센터 사무국장
2023년	인천한겨레두레협동조합 사무처장